le sport

Collection dirigée par Vincent Cespedes

Autres titres

Véronique Le Ru
la vieillesse
de quoi avons-nous peur ?

Jérôme Laurent
le charme
Un pouvoir si singulier...

Elsa Godart
la sincérité
Ce que l'on dit, ce que l'on est

Vincent Cespedes
Mai 68
La philosophie est dans la rue !

Saïd Bouamama
la France
Autopsie d'un mythe national

Rachida Tikri
l'image
Ce que l'on voit, ce que l'on crée

Frédéric Neyrat
le terrorisme
La tentation de l'abîme

Thierry Hoquet
la virilité
À quoi rêvent les hommes ?

Michela Marzano
le fascisme
Un encombrant retour ?

PRÉAMBULE

Il faut imaginer Hippias sportif !

Écrire sur le sport en période olympique, *pré-* ou *post-*, présente toujours un danger, celui d'être aveuglé. Aveuglé par l'effervescence médiatique, les émissions, les articles, les colloques. Aveuglé par telle ou telle « affaire » de dopage ou de corruption. Aveuglé aussi, ou peut-être en ce cas ébloui, par des performances exceptionnelles, des trajectoires personnelles hors du commun, celles des champions. Résonnent alors pendant quelque temps, jusqu'aux olympiades suivantes ou aux prochaines compétitions internationales, l'écho des records battus, celui des hymnes nationaux, les vivats de la foule. Quelques images perdurent, de joie et de tristesse, révélations ou consécrations désignent les héros. La légende s'écrit ainsi, sous la plume de centaines de journalistes et de documentaristes, de quelques chercheurs ou écrivains, et selon les sinuosités complexes de la mémoire populaire.

Mais, en réalité, l'aveuglement le plus opérant se situe en deçà de l'écume olympique. Il est celui qui nous fait prendre le sport de haut niveau, celui des champions, le sport-spectacle, pour le sport, c'est-à-dire *tout le sport.* Il confirme ainsi une imprégnation sociale et un monopole sémantique : *le sport est partout* et *tout est sport.* Indissociable de sa médiatisation, au moins pour le grand public, le sport de haut niveau accapare les intérêts, les passions, les « problèmes ». Est-il bien utile d'ailleurs de préciser qu'il s'agit là du sport de haut niveau, c'est-à-dire d'une pratique extrême de la compétition et qui en extrêmise tous les fonctionnements, tant l'assimilation est familière et journalistique ? Non seulement nous croyons que le sport s'exprime et s'explique dans le sport-spectacle, mais, en outre, le succès de ce dernier lui ouvre les portes du langage : voitures, vêtements, parfums, attitudes. Même la sexualité est du « sport en chambre », et l'annonce d'une difficulté dans l'existence le confirme : « Il va y avoir du sport ! »

L'image sociale du sport se réduirait donc au sport de haut niveau. Fort de son impact, celui-ci détournerait le langage, et conséquemment, comme par ricochet, tout exercice physique deviendrait-il sport ? Voilà l'exemple même de la construction d'un préjugé ou d'une erreur épistémologique. C'est que le sport est une notion surdéterminée, une étiquette à usage multiple, l'un des fruits favoris des marronniers médiatiques. Si le sport est un spectacle, un grand cirque ou un « circuit », avec ses saisons, ses épisodes, ses héros, ses légendes, il est aussi la recommandation première du néo-hygiénisme ambiant : « Faites du sport ! » Y a-t-il un point commun entre les deux ? Qu'est-ce qui relie, dans l'imaginaire public, Zinedine Zidane et « mangerbouger.fr », site Internet et slogan de l'Institut national pour l'éducation et la santé (Inpes) ? S'agit-il bien du même sport ? En réalité, devant la profusion des emplois et sens possibles du sport, la question se précise, avouons-le, inattendue: savons-nous de quoi nous parlons lorsque nous parlons du/de sport?

Chacun sait-il ce qu'est le sport?

Cela ne signifie pas que chacun sache le définir. Ni même que le besoin s'en ressente tant il est partout, dans nos têtes, nos corps et devant nos yeux. Le sport a l'évidence, incontestable et passe-partout, d'un phénomène social, dont le propre est d'être peu questionné dans ses présupposés. Les définitions varient selon les individus, leurs pratiques physiques ou leur sédentarité, leur goût ou leur dégoût pour le spectacle sportif. Chacun a *son* sport ou, comme on dit communément, sa *vision* du sport. S'il suscite indifférence, passion obsessionnelle ou relativisme, le sport est plus rarement l'objet de la philosophie. Sans doute son omniprésence sociale masque-t-elle une hiérarchisation induite entre les choses de l'esprit et celles du corps. D'un côté, le noble de ce qui vaut d'être pensé, de l'autre le moins noble de ce qui ne le vaut pas. Sans doute les significations politiques du sport troublent-elles le registre primordial de l'émotion, de l'effusion collective. Toujours est-il que les sens du sport, abordés de manière fragmentaire ou partisane, sont souvent éludés.

Le sport se pratique, se vit, s'exècre ou se dédaigne. Supporte-t-il un métadiscours ou l'exclut-il, comme s'il fallait trancher entre ceux qui en sont et ceux qui n'en sont pas, entendez des «sportifs», seuls à même, peut-être, de comprendre ce qu'est le sport? Faut-il nécessairement être sportif pour parler du/de sport, sous peine d'échouer à traduire le vécu, la sensation? Le philosophe autrichien Karl Popper refusait au marxisme et à la psychanalyse le statut de science sous prétexte qu'ils absorbaient et recyclaient dans leur système la critique. À rebours, la critique du sport peut-elle se faire hors du sport, au risque d'être invalidée? «Vous ne savez pas de quoi vous parlez», «Vous plaquez des théories sur des expériences» – sous-entendu «qui se suffisent à elles-mêmes»

–, voilà ce qui guette ceux qui prétendent parler du/de sport hors du sport. Il faut souvent préciser que, «oui, l'on a bien été sportif», pour quêter sa légitimité. La question est donc de savoir si les sens du sport sont *dans* ou *hors* du sport et ce qui conduit à cette distinction. Quel est le statut du sport dans notre société, c'est-à-dire quel(s) rôle(s) lui fait-on jouer?

Définitions, présupposés, sens. Les contours d'une enquête se dessinent. À quoi sert-il de penser le sport? Le sport a-t-il (là est la question) suffisamment d'importance, de valeur sociale ou conceptuelle pour être un objet philosophique? Ce qui présuppose, au passage, on en conviendra, un *a priori* contestable sur l'objet philosophique et son domaine prétendument «réservé». Certes, jamais autant de thèses ou d'articles n'ont paru sur le sport. Sociologie, anthropologie, psychologie, histoire se sont emparées de *l'objet sport.* Il est commenté, analysé, disséqué par des revues nombreuses et des émissions de télévision, pour certaines entièrement dédiées. Depuis leur création en 1975, les filières universitaires Staps (Sciences et techniques des activités physiques et sportives) ont multiplié les doctorats, attirant de nombreux chercheurs. Pourtant cette effervescence trouve peu d'écho dans le grand public et laisse la philosophie réticente. Les thèmes de la violence, de l'argent, du dopage ou du sport-spectacle, brassés par les médias, alimentent la *doxa.* L'événementiel prime l'analyse critique, et le commentaire tautologique du résultat sportif, sa mise en perspective.

Qu'est donc le sport ?

Imaginons un passant, Hippias d'Élis le sophiste par exemple, ou, pour paraphraser Albert Camus, «Il faut imaginer Hippias sportif», ce qui est un paradoxe puisque l'Hippias réel voulut infléchir vers la culture intellectuelle la formation des jeunes Grecs. Que répondrait-il à la question? Le voilà confronté à l'impossibilité de *définir*, comme lors du dialogue avec Socrate sur le *Beau.* Le sport? C'est le football ou le fitness ou, pourquoi pas, le jardinage! Trois manières de faire de l'exercice, mais non exhaustives, non essentielles et, au sens strict, *incomparables*. Qu'est-ce qui est sport? Le jogging, le surf ou le delta-plane? Quels points communs entre le patinage artistique et la plongée sous-marine, le badminton et le skate-board? La multiplication des sports, depuis quarante ans, brouille les cartes et complique la définition. À l'éclatement des champs de recherche répond celui des pratiques et des environnements. Le sport n'est pas *un*. D'autant qu'il faut distinguer, en outre, le sport de haut niveau du sport de masse, mais aussi l'éducation physique, le sport-santé, le sport-loisir, etc.

Parler de sport se fait au risque d'une généralité qui prête à des contresens. D'où la nécessité de définir cet indéfinissable et de mettre au jour, si possible, une *causalité du sport*.

Les questions posées au sport forment un double miroir. D'un côté se reflète la société d'aujourd'hui, contradictoire: société des loisirs et du culte de la performance, du corps hédoniste et du corps rationnel, de la santé parfaite et des conduites dopantes. De l'autre s'esquisse celle de demain, avec ses transformations possibles du corps et ses législations sur la «nature humaine». L'ancien comme le moderne, la nature et l'artifice, l'argent et la médecine, l'éducation et la violence, tous ces thèmes convergent vers le sport. Art mineur, sans doute, il est le symptôme de questionnements actuels. L'histoire du sport a décrit des jeux, des joutes, des gymnastiques, aux finalités croisées: militaire, médicale, pédagogique. Le sport d'élite contemporain est une activité de laboratoire, médicale et technique. Les sociétés anciennes ont marqué le sport du sceau de la religion, du sacré et de la violence. Les sociétés modernes en ont fait une activité profane, un jeu compétitif, pétri des valeurs bourgeoises du XIXe siècle: méritocratie, goût de l'effort, loisirs «utiles», pédagogie, marchandisation. L'«esprit du capitalisme» s'est emparé du sport, non pas seulement du point de vue économique, mais de celui d'une *économie de soi*, d'un ascétisme de la performance, d'une exploitation des ressources et du temps. Être sportif aujourd'hui, c'est jouer et se détendre, mais c'est aussi souscrire à la sculpture de soi. C'est s'aventurer, se dépasser, risquer, tout autant que s'inscrire dans une norme: celle du corps maîtrisé et de la jeunesse éternelle.

Il y a de multiples façons de faire du sport et d'en parler. Le sport a cette propriété d'absorber les théories et de les recycler dans ses scénarios simples, la séduction de son spectacle, le cheminement linéaire de ses palmarès. Il est une *épure*. Il se veut apolitique au cœur d'une universalité géopolitique complexe. L'enjeu même que représentent les grandes compétitions et leur poids économique annihile ce vœu. Reste à savoir quel est son sens politique et social. Est-il une contre-société vertueuse, une projection démocratique ou l'icône dévoyée du capitalisme? Microsociété au sein de la grande société et non étanche à ses affres, le sport de haut niveau happe souvent l'analyse parce qu'il exacerbe les problèmes. L'instrumentalisation du corps est la condition de la performance; le dopage questionne l'identité humaine; la philosophie, le droit, la bioéthique sont convoqués au chevet des surhommes.

De l'ambition coubertinienne au sport professionnel, nous allons tenter de percer à jour les mécanismes du sport moderne. Nous voilà dans l'arène, les héros sont à l'œuvre, la foule est présente, et surgissent de l'exploit des questions actuelles. Elles sont celles du sport, mais pas seulement. Elles ont trait à l'histoire des pratiques corporelles, à leur statut social, au nouveau culte du corps. Elles interrogent la marchandisation d'un spectacle et ses retombées sur l'«esprit» ou la morale sportive. Le sport est-il vraiment un spectacle? Quel rôle joue l'argent? Quelle est la valeur de la règle? Pourquoi le dopage n'est-il pas que la question du sport? Des «valeurs», de toute évidence, sont convoquées, mais lesquelles? Le sport vaut-il encore la santé? Sert-il l'éducation? Est-il un modèle politique? Deux fils conducteurs nous guideront: l'éclairage que procure l'histoire des idées lorsqu'il s'agit de pointer des concepts, par exemple celui de *dépassement de soi*; la distinction entre sport de haut niveau et sport de masse, pour affiner la compréhension des finalités.

Notre chemin sera celui de l'abécédaire. Chemin de la libre lecture et de l'association d'idées, du retour sur ses pas, cette formule permet l'enquête et l'élaboration de la thèse, l'ellipse comme l'approfondissement. Par un clin d'œil de l'alphabet mimant la circularité, nous irons d' «Antiquité» à «Zénon d'Élée». Mais le principe de l'abécédaire veut que le choix de la lecture constitue le fil conducteur. Conçus comme des promenades philosophiques, le point de vue historique, l'analyse du sport contemporain, celle de notions-clés, composent des enchaînements possibles, qui se recoupent par instants. Se dessinent alors, par cercles concentriques, les essentiels du sport, ses retours du *même*, ses contradictions et innovations. Nous disions «art mineur»? Probablement – ce qui n'empêche pas le travail philosophique de dégager des thèmes signifiants pour notre société.

Petit abécédaire philosophique du sport

«À l'entraînement "rien ne résiste", ai-je écrit.

Mystère du corps, en voici, en effet, les séquences :

Je ne peux pas ; je m'entraîne ; je finis par pouvoir.

Je ne sais pas ; je m'entraîne ; je sais.

Je ne saisis pas ; je m'entraîne ; je comprends.

Jusqu'à maintenant, rien de nouveau.

Mais ces suites diverses s'achèvent par une autre, plus étrange :

Je ne connais pas de solution à ce problème ;

Je m'entraîne ; alors, parfois, me vient l'invention.

Je viens de le dire en un mot :

Inattendu, le corps invente.

Apparaît quelque chose comme une création.

Comment avez-vous trouvé la loi d'attraction universelle ?

Demandait-on à Newton.

En y pensant toujours, répondait-il volontiers.

Nul découvreur ne dit autre chose.

Je ne cesse de placer mon corps devant l'inconnu ;

Soudain il se présente ; il se fait connaître.

Oui, l'entraînement invente.»

MICHEL SERRES, *Hominescence*

A

ANTIQUITÉ

Le monde grec antique fut celui de la mesure, de la proportion et de l'harmonie de toute chose avec la nature et, par-delà la nature, avec l'ordre des dieux. Cette représentation conduit l'explication astronomique et physique du monde, dans laquelle la nature est étroitement finalisée. Elle vaut aussi pour l'homme, comptable de ses actions au regard de principes qui l'englobent tout entier et auxquels il ne saurait déroger sans risquer, posture impensable, la folie du *contre-nature*. Ainsi l'astronomie propose, à l'exception des atomistes, un univers circulaire et clos, dans lequel la Terre se situe au centre. La physique conçoit l'organisation savante des quatre éléments, l'eau, la terre, l'air et le feu, pour composer chaque objet matériel et lui destiner un *lieu* dans l'univers et l'espace.

Le contexte scientifique et philosophique

Dans *Du ciel*, Aristote soutient que « Dieu et la nature ne font rien en vain ». C'est donc la nature, c'est-à-dire l'ordre cosmique, qui donne la mesure de ce qui doit être. Prévalent le fini sur l'infini, la limite sur l'illimité, l'achevé sur l'inachevé, l'ordre sur le désordre. De ce point de vue, on n'imagine pas l'homme s'émancipant d'un ordre qui le constitue comme tout autre élément physique et lui dicte les voies de son excellence, *intellectuelle* (la contemplation, l'élévation de l'âme) et *corporelle*, avec au premier titre la santé.

D'où la définition d'une médecine qui accorde à la nature le rôle essentiel. Celle-ci guide le corps, l'aide à se défendre contre les maladies et sert de paradigme à l'état souhaitable de l'individu. Hippocrate conçoit la santé comme «juste mesure» et équilibre des humeurs. Point d'étonnement, dès lors, devant son mépris à l'égard des athlètes disproportionnés que les jeux antiques ont finalement produits et de leur constitution, jugée non naturelle. Abêtis par leurs entraînements et régimes, ils sont médicalisés à l'extrême, témoignant d'une fragilité physique, à laquelle s'ajoute leur couardise à la guerre. L'excès est ici stigmatisé, non seulement comme un contresens scientifique, mais aussi comme une faute morale. Ce contexte théorique interdit la conception d'un dépassement de soi comme valeur. Non pas que l'athlète antique ne se soit pas dépassé, de fait, dans les jeux et compétitions. Mais cette gloire athlétique n'échappe en rien à une représentation du monde où prévaut l'ordre cosmique sur l'initiative humaine et où la nature fixe les limites de l'exploitation des potentiels. Plus rien de tel aujourd'hui, où nous sommes devenus «maîtres et possesseurs de la nature» et, plus que tout autre, les athlètes de la nature en nous. La croyance en des progrès infinis, y compris outrepassant la nature, est la marque des *modernes*.

«Sport» antique?

On doit en particulier à Pierre de Coubertin et à son «renouveau» des jeux Olympiques, par voie de conséquence à la référence olympique en tant que telle, l'idée d'un enracinement du sport dans la tradition antique. Bien qu'il hésite – «[...] ou bien Olympie n'est qu'un splendide accident de l'histoire, ou bien elle représente une des assises puissantes du progrès humain [...]» –, Coubertin affirme dans son *Esprit olympique*: «Qu'était-ce donc qu'un athlète antique comparé à celui que nous appelons aujourd'hui d'un nom joli, souple, élégant, mais infiniment moins profond: un sportif. La même définition de leur idéal ne peut-elle servir?» Il n'est pas certain, néanmoins, que cette origine signe une continuité, ni même qu'on puisse ordonner, entre l'ancien et le moderne, les mêmes catégories. Les représentations du monde et de l'homme, les structures sociales et politiques, le rapport au religieux ou à la violence diffèrent et engagent certains, comme le sociologue Norbert Elias dans *Sport et civilisation, la violence maîtrisée*, à douter qu'on puisse employer le même terme pour désigner le sport antique et le sport moderne. Le sport serait alors réservé à la dénomination du « sport anglais » qui voit le jour au XIXe siècle et se développe sous les formes que nous connaissons. La référence antique demeure, néanmoins, d'abord sémantique : olympisme, gymnase, décathlon, hippodrome, etc.

L'histoire des jeux commence, pour l'Occident, en Égypte, en Grèce, à Rome, dans l'organisation de compétitions, les *agônes*, à fonctions religieuse, politique et sociale. Le « sport » est, avec la guerre, le lieu de l'excellence individuelle, au sens moral et physique, l'*arêtê*. De cette *arêtê*, nous dirons qu'elle-même évolue, d'Homère à Aristote, de la gloire militaire à la préconisation de la juste mesure. Dans l'*Iliade* d'Homère, qui fédère une tradition antérieure, un vingtième du texte est d'inspiration « sportive », soit un livre entier, le chant XXIII, et une place symbolique plus importante encore lui est attribuée dans l'*Odyssée*. Ainsi, Achille organise des jeux funéraires en hommage à son ami Patrocle, fête « sportive » inaugurale. Huit épreuves fascinent alors les spectateurs : le combat des auriges dans les courses de chars, le pugilat (combat à coups de poing), la lutte, la course, le duel en armes, le lancer du disque, le tir à l'arc et le lancer du javelot. Trois siècles plus tard, dans sa *Première Olympique*, le poète grec Pindare narre à son tour la victoire du prétendant Pélops, futur gendre d'Oïnomaos, et situe par là l'origine présumée des jeux Olympiques en 776 av. J.-C. Là aussi, la course de chars est plébiscitée et avec elle des épreuves qui semblent archétypales pour les compétitions physiques futures.

Les jeux grecs, puis romains, ont structuré la vie sociale pendant plus de mille ans. On compte plus de cinq cents *agônes* à l'époque impériale grecque. Les plus prestigieux, les jeux panhelléniques, c'est-à-dire Olympiques (à Olympie, en l'honneur de Zeus), pythiques (Delphes, Apollon), néméens (Némée, Zeus), isthmiques (isthme de Corinthe, Poséidon), sont des fêtes religieuses périodiques, donnant lieu à des trêves, annoncées sur tout le territoire par des messagers, les *théores*, et obligeant les athlètes, d'abord citoyens aristocrates, puis athlètes professionnels, à de rigoureuses préparations. Des déclarations politiques ou des traités entre États sont signés à cette occasion. Les vainqueurs, tel Milon de Crotone, le plus couronné à Olympie, sont statufiés, érigés au rang de demi-dieux, et conquièrent une position sociale. Avec les Romains, les jeux évolueront en spectacle grandiose, se déroulant dans d'immenses stades, tel le *Circus Maximus* à Rome. À toutes les époques, outre Homère et Pindare, des poètes, tels que Simonide, Bacchylide, Virgile, feront l'apologie des jeux. Ainsi, lorsque Coubertin évoque l'Antiquité, il décrit une « religion de l'athlétisme » et s'inquiète de savoir « si l'idéal grec convient encore au reste de l'humanité ».

Toutefois, cet antique « sport de haut niveau » n'est pas le seul legs. Au-delà des fêtes agonales et de leur portée religieuse, politique et commerciale, ou du rituel olympique, avec ses héros mythifiés, il y a en Grèce, comme à Rome, un « sport d'entretien » communément prisé. Les Grecs, comme Michel Foucault le rappelle dans son *Histoire de la sexualité*, inventent *le souci de soi*. Leur culture introduit à une esthétique, à une « stylisation » de l'existence, conjuguant l'acquisition rationnelle d'une sagesse et le contrôle du corps. L'idéal de la *kalokagathia* (le beau et le bon) suggérant la préoccupation esthétique, la pratique des bains et des massages purifiant le corps à des fins religieuses, la conception d'une santé basée sur l'exercice modéré, la formation des jeunes gens à la défense de la cité se rejoignent en une nécessité de la gymnastique. Ainsi le gymnase et la palestre, à l'époque hellénistique, puis les thermes à l'époque romaine, sont-ils les lieux culturels par excellence. Les jeunes gens s'y entraînent librement ou discutent de philosophie, tel Socrate avec Lysis. Des finalités se précisent, militaire, médicale, pédagogique, qui ancrent la présence sociale de la *gymnastique*. Cette tradition d'un entretien du corps et de pratiques sportives fera le succès d'une formule : « Un esprit sain dans un corps sain ».

ARBITRAGE

De manière plus exclusive encore que la loi n'est au fondement de la société, l'arbitrage est au fondement du sport. Comme le dit Yves Vargas dans *Sur le sport*, « la loi est de nature négative, elle interdit et sanctionne afin de permettre la vie communautaire. Elle n'a aucune force ontologique, elle ne crée pas la communauté et elle n'annule pas le crime, alors que la règle du jeu crée le sport et annule tous les actes qui la dérogent ». Transgresser les règles sportives exclut du sport, tandis qu'être hors la loi n'exclut pas de la société. Aussi la règle fonde-t-elle ontologiquement le sport, tandis que l'arbitrage est l'expression d'un « État de droit », selon lequel le jeu n'existe que par décision contractuelle et acceptation des règles. En cela, le sport moderne est l'héritier du juridisme des Lumières, en même temps qu'il incarne certains principes idéalisés de la société démocratique.

Par ces principes, l'arbitrage sportif est un archétype. Dans la société bourgeoise industrielle du XIXe siècle, il est facteur d'ordre et de régulation de la violence. Il structure la libération des énergies capitalisées dans le travail et la recapitalisation de ces énergies *en vue* du travail. Dans la pédagogie, il figure l'autonomisation sociale du jeu conjuguée au respect de l'autorité. Il incarne un modèle contractuel dans lequel des individus d'origine, d'âge ou de culture variés s'associent et s'affrontent dans un cadre donné. Mais, en réalité, son rôle lui préexiste : l'arbitrage vient acter d'une volonté réglementariste qui s'applique au sport. Toujours selon Vargas, celui-ci « implique des fermetures (intra/extra) juridiques qui le précèdent et le réalisent : c'est la règle du jeu ». Ainsi se distinguent, au passage, le sport et la vie, dans laquelle tout acte ne se déroule pas nécessairement dans un cadre normatif préexistant : l'amour, la guerre, etc.

D'où l'ambiguïté de la *valeur* de l'arbitrage. Certes, il incarne un modèle contractuel et démocratique, mais un modèle *qui ne se discute pas.* Comme le remarque Yves Vargas, « le "contrat social" souverain s'est transformé en "règle du jeu" imposée [...] : "si tu n'es pas content, tu quittes le terrain" ». Autrement dit, la règle sportive prend un caractère indiscutable qui fait de l'arbitrage un pouvoir quasi absolu. C'est d'ailleurs ainsi qu'il est enseigné : « L'arbitre a toujours raison » (même s'il a tort). Aussi la règle sportive apparaît-elle comme une forme qui primerait sur le fond, sauf à rappeler que ce fond, à valeur historico-pédagogique, crée *l'esprit du sport,* c'est-à-dire aussi le mythe d'une contre-société vertueuse. La comparaison entre la règle du jeu et la règle sociale ne peut donc qu'avoir valeur de métaphore et/ou valeur pédagogique, si l'on admet que la pédagogie puisse se nourrir de l'utopie.

D'où, aussi, la question du rapport entre l'arbitrage et la justice, étudiée par Raphaël Verchère dans un article paru dans *Libération.* Car, si « l'arbitre a toujours raison », « l'erreur d'arbitrage tend à enseigner à accepter l'injustice ». Et si « la première conséquence de l'erreur d'arbitrage [...] est d'ouvrir les portes de l'agora, du forum, du débat public », la seconde pourrait bien être d'« apprendre à accepter l'injustice et l'arbitraire sans broncher ; convaincre de l'inanité de toute justice en ce monde ; reléguer la frustration en dehors du droit. En somme, une réhabilitation du monde de Leibniz et de la justice prémoderne d'avant Beccaria ». Paradoxe de la pédagogie et du rapport à l'autorité : à quel moment l'ordre peut-il être contesté ? Quelle est la perméabilité du sport au recours juridique extra-sportif ? Sont ici en question la structuration du sport et le maintien de son statut sur la scène sociale, les valeurs qu'il est supposé transmettre et finalement cette épure de fonctionnement politique et juridique qu'il incarne. L'arbitrage est une sorte de schème entre idéal théorique et application pratique.

Sans oublier sa part prise dans le spectacle. Car si l'erreur d'arbitrage ouvre l'*agora*, celle-ci ne manque pas de rappeler (parfois violemment) à l'arbitre son rôle dans le jeu ou dans le score, le résultat final, victoire ou défaite. L'arbitre est un acteur du spectacle sportif et, dans ce jeu de rôles que supervisent les médias, ses décisions sont des moments du jeu à part entière. D'où les efforts accomplis par certains sports pour rendre l'arbitrage plus compréhensible et plus *attractif* pour le public. L'arbitrage électronique ou vidéo permet ainsi au spectateur et téléspectateur – comme à l'arbitre d'ailleurs – de revoir l'action litigieuse et de se faire sa propre opinion, ou au joueur de voir la décision prise confirmée. Là encore, comme pour d'autres actions menées par les instances dirigeantes du sport (contre le dopage, entre autres), il s'agit de spectacle (et donc d'économie), mais aussi d'une volonté de transparence, de traçabilité de la performance. Ainsi l'arbitrage est-il une métaphore de la *pureté* à valeur hautement symbolique.

ARÊTÊ

Le culte de l'exploit physique s'intègre dans la définition homérique de l'excellence, l'*arêtê*. Cette *arêtê* a d'abord un caractère aristocratique, privilège des *kouroi*, ces jeunes guerriers aristocrates qui participeront aux premiers jeux « sportifs ». Dans sa *Première Olympique*, Pindare utilise le terme *ariston* (« ce qu'il y a de meilleur ») pour qualifier le vainqueur. À la valeur physique tout s'ordonne. La gloire la récompense. La religion la justifie. La prestance sociale en découle. Vie, mort, pouvoir, sacré, sont liés dans cet idéal de l'excellence. Selon l'historien Henri-Irénée

Marrou, elle est « une éthique de l'honneur. Vouloir être le premier, le vainqueur, l'emporter, s'affirmer dans la compétition, évincer un rival devant les juges, accomplir l'exploit qui le classera devant les hommes, devant les vivants et peut-être la postérité, voilà pourquoi [le héros] vit et pourquoi il meurt » (in *Histoire de l'éducation dans l'Antiquité*). L'idéalisation du guerrier dans la sculpture grecque, la représentation des dieux sous les traits du guerrier, attestent le lien social existant entre l'éthique guerrière et celle des jeux de compétition. Ainsi Milon de Crotone, le plus célèbre des lutteurs de l'Antiquité classique, fut-il aussi l'un des meilleurs disciples de Pythagore et un chef de guerre reconnu. Lien complexe qui rattache les jeux à la religion et à la guerre, à la trêve et à la violence, et en fait une propédeutique (une initiation) pour les mortels vers un idéal d'exception.

L'*arêtê* grecque, toutefois, n'est pas sans ambivalence. Car l'athlète héroïque d'Homère ou de Pindare, conciliant courage physique et force morale, épris de grandeur, illustre un projet distinct de celui que les philosophes conçoivent pour l'éducation. La violence et le sacré consacraient des demi-dieux avec une part de démesure *(hybris)*. Avec Platon, la gymnastique se fonctionnalise. Alors que le *Timée* décrit un microcosme humain réplique du macrocosme naturel et suggérant l'entretien du corps à ce titre, la *République* et les *Lois* prévoient une gymnastique pédagogique et utilitaire, formant les jeunes gens à la défense de la cité. Sous l'influence hippocratique, l'excellence corporelle (la santé) se définit en termes d'équilibre, de mesure, de tempérance. Tout excès y est banni parce que contraire à la nature. Ainsi, dans son *Éthique à Nicomaque*, Aristote définit-il l'*arêtê* comme « un juste milieu relatif à nous », une « médiété ». À l'exploit héroïque s'oppose donc la modération qualifiant la vertu. Dans les deux cas, cependant, la vision du corps est élitiste : « l'esprit sain dans un corps sain » était, en réalité, réservé aux « meilleurs ». En outre, la « médiété » aristotélicienne est, en soi, une forme de performance, dépendante d'une sagesse et du *kairos*, ce moment exact et rare de l'action. Un lien fondamental, enfin, unit conceptuellement athlète et citoyen ordinaire : l'homme de l'Antiquité ne peut qu'accomplir son potentiel, sa *nature*, il ne peut jamais la dépasser, jamais excéder ce que l'ordre du *cosmos* a prévu pour lui.

Il n'en reste pas moins que nous avons, nous, Modernes, transposé cette ambivalence, selon un bouleversement des valeurs qui nous est propre. À l'athlète antique, accomplissant son destin selon *sa/la* nature, répond le culte du dépassement de soi et de la performance, incarné dans la quête infinie de records. À un idéal de la santé, enraciné dans une théorisation élitiste de la mesure et du rapport corps/nature, correspond aujourd'hui la diffusion massive dans la société d'une représentation de la santé comme norme, leitmotiv à la portée de tous. Cependant, et c'est là un point essentiel, le lien ancien dans le respect sans conditions des lois de la nature, qui a caractérisé le monde grec, nous fait à présent défaut. Plus encore, il est contredit par la science moderne, qui, sous l'impulsion cartésienne et selon l'idée de progrès, a fait de l'homme, résolument, la « mesure de toutes choses ».

ARGENT

La question de l'argent dans le sport est d'abord conceptuelle, puis inévitablement comptable. L'argent symbolise la surenchère d'un sport professionnel icône de tous les excès et qui cristallise sur ce qui ne constitue malgré tout qu'une petite sphère (quelques sports tout au plus) les ambitions, convoitises, jalousies de ceux qui voient les champions sportifs comme des stars surpayées. Des ouvrages, des magazines spécialisés, des études ministérielles, publient régulièrement les « chiffres » du sport et contribuent ainsi à la sidération ou au dégoût d'un grand public appâté par leur démesure. Passage obligé de qui veut signifier l'évolution du sport professionnel comme activité planétaire, spectacle ultra-médiatisé et support publicitaire de luxe, l'évocation des flux financiers du sport a quelque chose de racoleur et d'indécent. À la différence des stars de cinéma, les champions sportifs, davantage présents dans le calendrier annuel de l'*aficionado*, suscitent une forte identification, un engouement populaire qui se raccroche à des appartenances : mêmes pays, ethnie, langue, religion ou approchant, sympathie pour le comportement, empathie avec l'histoire personnelle, etc. Le champion sportif est une sorte de moi-même extrapolé, que j'ai vu à l'œuvre, encouragé, dont j'ai pleuré les défaites. Du coup, le salaire de la sueur a une portée comparative : tant pour un match, pour un mois, pour un transfert, et tant pour un smic, un acte chirurgical, un brevet d'inventeur. Qui sont-ils donc, au final, ces sportifs, pour gagner autant d'argent ?

Le sport : une activité capitaliste ?

D'abord, redisons-le, la fortune ne sourit qu'à quelques-uns – entendons par là des gains qui, assortis de judicieux placements, permettent d'assurer un train de vie plus que confortable pour le restant de l'existence, sans nécessité de travailler ensuite –, les champions les meilleurs ou les plus médiatiques des sports les plus professionnels et les plus médiatisés (quelques boxeurs, golfeurs, pilotes de Formule 1, tennismen, cyclistes), les meilleurs des sports professionnels américains (basket, football américain, base-ball) et, bien sûr, les meilleurs footballeurs. Les salaires des athlètes, nageurs ou skieurs sont sans commune mesure. Les patineurs artistiques entament souvent une carrière professionnelle rémunératrice après leur carrière amateur. Dans les autres sports ou à niveau moindre de performance, il faut envisager une reconversion, c'est-à-dire une vie professionnelle dans le ou hors du sport. Mais l'enjeu sous-jacent, on le devine, est celui qui régit l'offre et la demande, à savoir les retombées financières de la médiatisation des compétitions ou de *l'image* de tel ou tel. Le sport-spectacle est devenu une activité marchandisée à l'extrême, qui donc se vend, de même que se monnayent les différentes apparitions ou activités des champions hors du sport.

À partir de là, l'organisation du spectacle sportif devient une activité capitaliste comme une autre, à ceci près, d'une part, qu'elle excède très largement la rétribution de la performance sportive et, d'autre part, que l'exploitation de la force de travail a quelque chose de problématique lorsqu'elle concerne une large population de mineurs.

Donnons donc des ordres de grandeur puisque les « chiffres parlent d'eux-mêmes » et que le sport moderne est une activité chiffrée à tout point de vue (chiffres issus du dossier « L'argent fou du sport », paru dans *l'Expansion*, le 1er mai 2006) :

40 000 euros :
- La récompense d'un athlète français médaillé d'or aux JO d'été (50 000 en 2008 à Pékin).
- Ce que gagne chaque jour Zinedine Zidane (lorsqu'il était en activité).
- Le prix d'un spot de pub pendant la finale de Roland-Garros sur France 2.

500 000 euros :
- La prime attribuée au cheval gagnant du Prix d'Amérique.
- Le prix de deux spots sur TF 1 lors de la finale du Mondial de football 2006.
- Le salaire annuel de Frédéric Michalak, le rugbyman le mieux payé de France.

600 000 euros :
- Le coût de revient d'un but marqué par Djibril Cissé en 2005.
- Trois ans de location d'une grande loge au Stade de France.
- La moitié du déficit annuel du club de football de Bordeaux.

800 000 euros :
- Un an de revenus du boxeur français Brahim Asloum.
- Le chiffre d'affaires quotidien du Real Madrid.
- Le salaire annuel moyen d'un gardien de but en Angleterre.

4 millions d'euros: le prix dépensé par chacun des sponsors pour associer ses couleurs aux «Bleus» pendant le Mondial de football 2006.

8 millions d'euros:
- Le budget annuel de l'équipe de cyclisme de Bouygues Télécom.
- Ce que verse BNP Paribas pour parrainer le tournoi de Roland-Garros.
- Le tarif annuel payé par Emirates Airlines pour donner son nom au stade d'Arsenal.

12,5 millions d'euros: le coût de la participation d'Areva à la Coupe de l'America (120 millions pour son concurrent BMW Oracle Racing Team!).

240 millions d'euros:
- Ce que dépense Renault chaque année en Formule 1.
- Dix ans de budget de la Fédération française de judo.
- Trois années de salaire du golfeur Tiger Woods, le sportif le mieux payé du monde.

600 millions d'euros: les droits télévisés du football en France en 2006. (668 millions pour la période 2008-2012, droits attribués à Canal + et à Orange.)

Etc. L'abstraction relative de ces chiffres pour le grand public contribue à leur impact. Ils doivent être appréhendés selon les conditions d'un marché qui s'est emparé du sport, comme il peut s'emparer de n'importe quelle activité susceptible de générer un commerce. Ils doivent être lus à la lumière des disparités existant entre les différents sports. La question de leur démesure est à mettre en lien avec celle d'une *morale* du sport qui voudrait, selon un schéma ancien (ou idéal), que le sportif concourt «pour la beauté du geste» et l'enjeu noble du dépassement de soi. Par là, l'argent est accusé de «dénaturer» le sport, d'accentuer la «pression» qui pèse sur les athlètes et d'infléchir l'organisation des compétitions (horaires des matchs, durée, compréhension de l'arbitrage, lisibilité des règles) dans le sens d'une spectacularisation optimale, au mépris parfois des conditions de la performance. Ainsi les finales des courses de natation aux jeux Olympiques de Pékin ont-elles été programmées le matin (en dépit du souhait de nombreux athlètes) afin de satisfaire aux exigences de retransmission de la télévision américaine. Cette question de la *morale* fut exacerbée, dans les années 1960-1970, par le développement du professionnalisme. Les athlètes professionnels, ou suspectés de l'être, étaient alors accusés de trahir la «morale du sport» et d'entacher par leur appât du gain la pureté supposée de l'ambition sportive. Bien des exclusions ont eu lieu alors, des carrières interrompues, parfois reprises après l'autorisation du professionnalisme, comme dans le cas du tennisman Rod Laver, qui eut en somme «trois carrières». Si toute évolution appelle des «crises», selon le sociologue Edgar Morin, alors le professionnalisme fut la «crise du sport» des années 1960-1970, comme le dopage est aujourd'hui la «crise du sport» depuis les années 1990-2000.

Amateurisme *versus* professionnalisme

Que l'argent entache la morale du sport réfère à une vision aristocratique de l'activité sportive ou ludique selon laquelle ne pratiquent que ceux qui en ont le temps et l'argent et qui n'ont pas besoin de travailler pour vivre. À cet état de fait, qui caractérise autant les origines antiques du «sport», dérivé de confrontations militaires et d'une structuration de la société grecque basée sur l'inégalité des classes sociales, que l'esprit initial du coubertinisme, s'adjoint communément l'idée qu'au désintéressement comme privilège s'associe la «grandeur d'âme» comme vertu. L'argent ne peut alors que faire déchoir l'idéal. Dans la réalité, les *agônes* panhelléniques originels ont progressivement évolué vers un athlétisme professionnel, rançon de leur succès et déjà critiqué pour ses excès par Hippocrate ou Platon. Par ailleurs, si ces grands *agônes* avaient pour coutume de remettre des distinctions honorifiques (la couronne de laurier à Olympie), les *agônes* de moindre importance, quadrillant le territoire de la Grèce à l'époque impériale, récompensaient leurs vainqueurs par des prix en argent ou en nature. Quant aux compétitions au temps des Romains, les *ludi*, elles firent très vite l'objet de paris (en particulier les courses de chars), de prix en espèces sonnantes et trébuchantes, suscitant une concurrence coûteuse entre les mécènes et produisant un spectacle très prisé.

Au Moyen Âge et à la Renaissance, de nouvelles pratiques, socialement identitaires, remplacent les anciennes : les tournois, les joutes et la petite paume pour l'aristocratie, la soule et la longue paume pour le peuple. À cette époque, les seigneurs se dotent à leurs frais d'équipes de chevaliers dans l'espoir de retirer des succès de ces derniers une reconnaissance de leur propre puissance et de leur prestige. Le chevalier, de ce point de vue, doit donc être considéré comme un professionnel entretenu par un seigneur. Il peut caresser l'espoir d'une ascension sociale et économique grâce à ses exploits s'il parvient à conquérir une princesse ou une riche héritière dont il porte les couleurs. Les jeux anciens font l'objet de paris et de remises de prix. Il faut donc attendre ce que l'on date habituellement comme la naissance du sport moderne en Angleterre, au milieu du XIXe siècle, pour que soit réactualisée la considération d'un sport aristocratique concevant, à l'instar du parlementarisme anglais, des confrontations sportives sur le mode distancé et courtois, tenues de contenir la violence et attachées au *fair-play*. Ce qui n'annule pas les paris, ni l'existence de professionnels dans des sports comme la boxe, la course à pied ou la course hippique, mais contribue à la scission entre deux manières de pratiquer le sport, l'une amateur, liée à l'aristocratie et s'affirmant peu à peu comme idéologie, l'autre professionnelle, réduite à certains sports, contextes et catégories sociales, les deux ne se mêlant pas pour des raisons sociales et d'équité.

Lorsque Pierre de Coubertin, jeune aristocrate français, voyage en Angleterre à vingt ans, il est d'abord subjugué par l'organisation des collèges anglais et l'accessibilité « démocratique » du sport offerte aux élèves. Il est aussi frappé par l'« esprit » qui préside à ces pratiques sportives : émulation, respect d'autrui, *self-government*, dépassement de soi, engagement physique, élévation morale, etc. Il développe l'idée qu'une réforme de l'éducation secondaire fondée sur une « pédagogie sportive » s'impose pour fournir à la France les hommes qu'elle réclame afin de réussir son industrialisation et d'affermir son empire. Il est également convaincu que le sport peut contribuer, à l'intérieur des frontières comme à l'extérieur, à la stabilité politique et à la paix sociale. Il décide, enfin, d'œuvrer, sur la base de ces principes, à la « rénovation des jeux Olympiques », entreprise qui aboutira en 1896. Or, si le succès des Jeux, pour des raisons politiques, institutionnelles, de rivalités, d'universalité, ne fut pas tout de suite assuré, il le fut à partir de ceux de 1924, organisés à Paris, et plus encore avec ceux de Los Angeles en 1932. Ce succès signifie audience internationale, participation accrue des nations et des athlètes, augmentation du nombre de spectateurs, développement de la médiatisation.

Or, Coubertin a très tôt l'idée que la spectacularisation à outrance du sport pourrait le dénaturer et que l'amateurisme est le garant de l'« esprit » ; aussi s'oppose-t-il dans sa *Circulaire adressée aux sociétés françaises et étrangères de sports athlétiques* à la transformation de « l'athlète olympique en gladiateur payé ». « Messieurs [dit-il en 1925 dans son discours lors de sa démission du CIO], à l'heure actuelle je vous mets en garde contre le professionnalisme sportif… L'organisateur de spectacles tend à corrompre l'athlète pour mieux satisfaire le spectateur. » C'est sur la foi de cette anticipation et parce que l'évolution de l'œuvre de Coubertin au cours de sa vie et des milliers de pages écrites est peu prise en compte, que la pensée coubertinienne est souvent associée, si ce n'est réduite, à son attachement à l'amateurisme. Le sport a développé le complexe de ce que Hegel appelle « la belle âme » : idéalisme forcené, sentiment d'être seul contre tous et de se battre contre le monde entier, confortant son image (ou son désir) de contre-société vertueuse. En réalité, Coubertin a lui-même réglé cette question de l'amateurisme dans ses *Mémoires* :

> **« L'amateurisme, admirable momie qu'on pourrait transporter au musée de Boulak comme spécimen de l'embaumement moderne ! Un demi-siècle a passé sans qu'elle paraisse avoir souffert des manipulations incessantes dont elle a été l'objet. Elle semble intacte. Personne de nous n'escomptait une telle durée. En nous attaquant à ce problème, nous étions convaincus d'en venir à bout en moins d'un lustre. »**

Dès son programme du congrès de 1894, évoquant la rénovation des Jeux, les questions sur le statut économique des sportifs avaient été posées.

Coubertin a perçu les deux versants du problème : si l'argent fait loi dans le sport, les idéaux s'effondrent et le sport comme les sportifs sont des marchandises – ce que nous connaissons en partie aujourd'hui – ; si l'argent est interdit à titre de rémunération, alors il y a fort à parier qu'une ségrégation soit réintroduite entre sportifs qui n'ont pas besoin du sport pour vivre économiquement et sportifs qui en ont besoin. Mais, plus avant, c'est évidemment le statut du sport comme *métier* qui est en question. Car comment imaginer qu'un sportif consacre l'essentiel de son temps à la préparation sportive – ce qui est bien plus le cas aujourd'hui qu'à l'époque de Coubertin –, sans en être indemnisé, ni bénéficier du produit de son effort, ni participer aux gains retirés sur son nom et son image ? Ce qui échappe non pas à la perspective de Coubertin, qui l'entrevoit, mais tout simplement à sa *définition* du sport, et qui sans doute, en d'autres temps, faisait défaut aux jeux grecs, c'est que le sport, résolument, définitivement, *essentiellement*, puisse être un *spectacle*. Et que, par conséquent, il s'affranchisse, au moins dans sa version de haut niveau, des visées pédagogiques, morales, civilisatrices, qui auraient dû valoir pour elles-mêmes et sont aujourd'hui subsumées au marché. Or, lorsqu'un nageur comme Alain Bernard nage 80 km par semaine et pratique la musculation, que fait-il d'autre que d'exercer un *métier?*

Certes, on doit encore définir ce qu'est ce «métier de sportif de haut niveau». Battre des records est-il en soi un métier? Ce serait alors considérer qu'une quête personnelle justifie rémunération. Battre des records pour son pays est-il un métier? Cela expliquerait les primes accordées par les États à leurs sportifs titrés, primes de représentation, auxquelles on peut d'ailleurs, selon les cas et les époques, attribuer des significations beaucoup plus appuyées et beaucoup plus politiques. Ces primes, néanmoins, de même que les subventions pour les préparations olympiques ou les emplois de complaisance, sont sans commune mesure avec certains salaires mirobolants du sport. Autrement dit, la seule acception du métier qui explique les gains des sportifs, et en même temps les disparités importantes entre ces gains, c'est que le sport soit un spectacle et que par là il réponde aux lois du marché. Ces lois sont fluctuantes. Elles ne suivent pas nécessairement le droit fil de la performance, ni du temps passé, ni sans doute de la difficulté de l'effort, pas plus que de la valeur des palmarès. Elles sont guidées par ce qui se vend. Par là, nous rejoignons notre point de départ, qui mesurait la valeur des sports, des sportifs et du spectacle sportif aux sommes d'argent gagnées et aux bénéfices dégagés. Traversé par des mythes, des idéaux, des personnalités édifiantes, une histoire omniprésente et récente qui rappelle les objectifs initiaux, le sport de haut niveau, c'est-à-dire celui qui prime dans l'imaginaire public et attire à lui bien des sens du sport, n'en est pas moins devenu un produit.

Tant d'argent dans le sport choque. L'«esprit» du sport est dévoyé. Disons alors, d'une part, que le sport de haut niveau n'est pas *tout* le sport, et que, d'autre part, il est du ressort, là comme ailleurs, des politiques, des institutions, des sportifs, de faire en sorte d'entretenir les «valeurs du sport» et son mythe, s'ils le souhaitent.

ARTIFICE

Si la question de l'artifice se pose dans le sport, c'est, au premier titre, en référence à la définition du dopage : «Utilisation de substances ou de procédés de nature à modifier artificiellement les capacités d'un sportif ou à masquer l'emploi de substances ou procédés ayant cette propriété» (loi n° 99-223 du 23 mars 1999, puis loi n° 2006-405 du 5 avril 2006 codifiée dans le livre II [titre III] du code du sport, article L. 232-9). L'artifice apparaît alors comme ce qui permet (en partie) de trancher entre le permis et le défendu, plus exactement ce qui qualifie symboliquement cette démarcation. Cette définition réfère, par ailleurs, à une liste de substances très détaillée publiée au *Journal officiel de la République française* (décret n° 2007-41 du 11 janvier 2007). L'opposition, on le devine, à cette *artificialité* des capacités sportives est leur prétendue *naturalité*. D'un côté, la performance accomplie avec des capacités *naturelles* – un *corps naturel* –, de l'autre, une performance pour le coup entachée d'*artificiel* et invalidée.

En réalité, cette question de l'artifice pose celle du rapport nature/culture au cœur du sport. La traditionnelle distinction entre la nature et la culture établit la séparation conceptuelle entre ce qui ressort de l'«inné», du «vital», de l'«espèce» en l'homme – sans qu'aucune équivalence stricte soit bien sûr posée entre ces termes –, et ce qui relève des apprentissages, des «acquis», de l'«artifice» et des «contextes». D'un côté, l'ordre du besoin, de l'autre, celui du désir. Ou, d'une part, la «survie», d'autre part, l'«existence» perpétuellement enrichie des inventions et créations humaines. Cette séparation est «conceptuelle», car, en réalité, l'effort de distinguer en l'homme le *naturel* et le *culturel* révèle plutôt l'imbrication étroite des deux, leur fusion dans les actes les plus simples. Par suite, la distinction nature/culture, peu opérante pour qualifier de manière concrète la séparation de l'homme et de la technique, permet surtout de saisir cette spécificité humaine qui est de vivre avec, dans et par la technique. L'homme est donc *artifice*, non par définition, mais par existence.

C'est ainsi que, dans le sport, on observe l'évolution incessante de matériels et de matériaux, destinés à l'amélioration de la performance : perches, vélos, raquettes, balles et ballons, skis, planches et voiles de toute sorte témoignent depuis plus de cent ans de progrès techniques influant sur les records. Outre les « engins », les « équipements corporels » eux-mêmes (chaussures, maillots de bain, combinaisons) ont subi des modifications incessantes, optimisant le confort et la performance. Les nouvelles combinaisons de natation, inspirées de la recherche en aéronautique, questionnent la fusion du corps avec l'équipement, c'est-à-dire avec l'*artifice*. En outre, tous les savoirs entourant la préparation sportive, techniques d'entraînement et gestuelles, médecine de l'effort, diététique, psychologie, attestent l'évidente présence du *culturel* dans la performance sportive. Faut-il rappeler qu'un stade, une piscine ou un gymnase sont eux-mêmes des contextes *artificiels* accueillant les athlètes ?

Il est aisé d'admettre que le sport naturel, au sens philosophique du terme, n'existe pas. Tout est naturel et culturel dans le sport, parce que constitué de savoirs et de techniques. Ainsi Aristote établit-il la différence entre la nature et l'art : ce qui est fabriqué ou non par l'homme. La question, toutefois, demeure de spécifier quel est l'apport artificiel du dopage et qui l'identifie comme interdit. Soit la démarcation s'instaure entre ce qui nuit à la santé (le dopage) et ce qui est censé améliorer confort et performance (les techniques), distinction recevable au motif sanitaire, mais pourquoi alors ajouter la formule « modifier artificiellement » dans la définition, puisque les deux ici sont « artificiels » ? Soit l'on distingue entre une substance absorbée par le corps, engendrant une modification *ésoplastique*, et un engin ou équipement corporel supposant une amélioration *exoplastique*. Le dopage serait alors ce qui modifie « en interne » le corps, ajoutant à l'aspect de tricherie. Cette distinction bute sur la perméabilité actuelle du corps à la technique (médicaments, greffes, prothèses) et les fluctuations entourant la liste des produits interdits ou les AUT (autorisation à usage thérapeutique). Absorber une substance, envelopper son corps d'un matériau hydrodynamique ou utiliser un engin sophistiqué : autant de variantes, au sens strict, d'une amélioration artificielle de la performance.

Certes, une piqûre de stéroïdes anabolisants se distingue de l'usage d'une combinaison de natation selon les deux voies évoquées. Néanmoins, certains produits sont interdits sous une forme d'administration et pas sous une autre, dans certains sports et pas dans d'autres, toute l'année ou seulement pendant les compétitions. Le relativisme entoure les listes et l'usage de ces produits. L'expression même, commune, stipulant que la performance doit s'accomplir « selon les moyens propres de l'athlète » n'a plus de sens aujourd'hui – si elle en a jamais eu. Le sport est une activité *culturelle, artificielle*, dans laquelle les moyens pour améliorer ses performances sont multiples. Si, aujourd'hui, une différence incontestable réside entre une substance qui nuit à la santé de l'athlète et une technique ou un matériel qui lui assure plus de confort, néanmoins, sur le plan du principe, cette différence s'estompe, d'autant que les moyens futurs du dopage pourraient se révéler moins toxiques pour les organismes et contribuer à poser différemment la question.

Force est de constater, dès lors, que cet argument de l'artifice, qui figure pourtant dans toutes les définitions du dopage depuis 1965, est un argument d'ordre moral. Il s'adosse, comme beaucoup de législations concernant le sport, au mythe du sport sain, dans ses intentions et dans ses effets, à l'idéal du *fair-play* et de l'égalité des chances. Il oppose de manière simpliste et inadéquate la nature et l'artifice, en parant le naturel d'une valorisation morale. Dans la réalité, il est contredit par l'inventivité sans relâche des techniciens du sport et des sportifs pour acquérir matériels et techniques performants. Par ailleurs, le cas d'Oscar Pistorius, sprinter sud-africain équipé de prothèses de jambes et sollicitant de concourir aux jeux Olympiques, éclaire le problème d'un jour nouveau. L'autorisation, d'abord refusée, puis accordée, ouvre sans conteste, quant à l'organisation des compétitions sportives, aux critères de différenciation entre sportifs valides et sportifs handicapés, et nécessairement à la réflexion sur le dopage, une nouvelle ère aux contours incertains.

B

BORG (BJÖRN)

Idole des années 1970, l'éphèbe suédois au visage renfrogné incarne, en sport, l'« esprit de sérieux » – ce *sérieux* plus ou moins futile qui accompagne aujourd'hui toute considération « spécialisée » sur le sport (celle des commentateurs et des sportifs eux-mêmes), et contraire, selon Pascal, à l'« esprit de finesse », c'est-à-dire à la légèreté et à la fantaisie.

Enfant prodige, ogre des courts, hermétique à tout événement durant le match hormis la victoire (et encore), Borg est l'image type du « professionnel ». Ce qualificatif, après avoir auparavant stigmatisé les manquements à l'amateurisme, désigne, en un sens positif, l'abnégation qui fait les « carrières ». Borg a de nombreux émules, dans de nombreux sports, investis corps et âme dans leur entraînement et la compétition, bannissant tout écart en dehors et planifiant leur existence en fonction de la performance. Et si, par un mouvement de balancier, certains d'entre eux (désir ou rêve) revendiquent aujourd'hui de « se faire plaisir avant tout », n'oublions pas qu'en quarante ans les cadences infernales du sport de haut niveau, leurs risques et la fameuse « pression » n'ont cessé de s'accroître. Ce qu'incarne Borg, c'est comment l'esprit du capitalisme, au sens wébérien, pénètre dans le sport, non pas tant du point de vue économique, que sous le rapport d'une « économie de soi », non pas tant par le biais de l'argent ou des gains, que par l'organisation comptable de l'existence, la régulation de la vie quotidienne, l'espérance d'un jugement dernier : la performance méritée. Cette instrumentalisation du corps, du temps, de l'effort, cet ascétisme d'un nouveau genre qui vise la gloire des stades ont fait du sport un jeu sérieux, où le dilettantisme n'a plus bonne presse. Excessif en tout, la précocité, la technique, la force mentale, les records, Borg stoppa net sa carrière, en pleine gloire, à 25 ans. Victime de la décompression psychologique qui suit l'exploit, comme de l'inadaptation à une autre vie que sa précocité lui avait masquée, il connut ensuite quelques revers personnels.

C

CAPITALISME

Que le sport soit aujourd'hui une activité capitaliste est une évidence puisqu'il est un spectacle hautement marchandisé et générant des bénéfices considérables. Précisons plutôt « le sport de haut niveau », producteur de spectacle, que « tout le sport », ce qui n'exclut pas (loin de là) le « sport de masse » du système commercial mis en place (économie des loisirs, grandes surfaces du sport…). L'enjeu économique que représentent les grandes compétitions, les fortunes qu'amassent certains des plus grands champions, dans les sports les plus médiatisés et les plus « vendeurs », le montant des droits de retransmission acquittés par les chaînes de télévision attestent l'emprise de l'économie capitaliste sur une activité fortement concurrentielle et mondialisée, de plus en plus régie par les lois du marché.

Capitalisme économique, idéologie politique

Ce point admis, et une fois rappelé comment au XIXe siècle la naissance du sport moderne coïncide avec l'essor du capitalisme bourgeois en Europe, la question du « capitalisme dans le sport » devient ensuite une question politique. Le sport est-il, comme le pensent Jean-Marie Brohm et ses émules, l'« icône du capitalisme marchand », cette formule recelant un jugement péjoratif ? Répond-il aux critères d'une « exploitation de l'homme par l'homme » que pointe la même critique marxiste ? On peut entendre ces questions de deux manières : le sport est dévoyé par l'économie capitaliste, ce qui supposerait une pureté originelle ; le sport sert structurellement l'économie capitaliste, dont il serait la meilleure illustration. D'un côté, une *instrumentalisation* du sport par l'économie de marché, de l'autre, une *perversion intrinsèque* de la compétition sportive.

Sans doute les deux points de vue se mêlent-ils, y compris dans les critiques les plus virulentes faites à l'égard du sport, jusqu'à se confondre. D'une part, l'idée de pureté ou de « valeurs du sport » s'adosse à celle que d'« autres sports » sont possibles – éducation physique, sport-santé, sport-loisir –, où les finalités éducatives, sociales ou ludiques priment. En ce cas, on dira que le capitalisme est venu corrompre ce qui était corruptible, à savoir le sport d'élite comme activité de spectacle, c'est-à-dire comme *produit*. On peut regretter ce phénomène et son ampleur, on peut stigmatiser son influence sur les perceptions générales du « sport » et probablement sur certaines conceptions du « sport de masse » ou éducatif, sans pour autant que cette critique se généralise elle-même, révélant là, d'ailleurs, son parti pris, en se faisant « critique du sport », sans spécifier de quel sport il s'agit. Autrement dit, l'idée qu'une pureté du sport et de ses intentions puisse encore s'expérimenter dans d'autres formes est vite absorbée par l'idée que c'est « le sport » qui est condamnable dans son entier.

D'où la deuxième perspective : dans le sport réside une perversion intrinsèque qui est celle de la compétition. Cette conception suppose que la compétition génère la discrimination, entre forts et faibles, hommes et femmes, jeunes et vieux, ethnies, cultures, etc., et ruine sociabilité et solidarité. Ce mode concurrentiel attise les conflits ; l'exploitation des individus à des fins de spectacle fait de l'homme-sandwich qu'est le champion une marchandise et suscite, de surcroît, le développement de toutes les « dérives » du sport : violence dans et hors les stades, racisme, dopage, etc. Sport et sportifs n'auraient pour seule finalité que l'argent, au mépris d'une éthique affaiblie. Le libéralisme économique viendrait là apposer ses méfaits, comme il le fait partout ailleurs, mais servi structurellement par le sport.

Cette critique porte évidemment, notamment en ce qu'elle stigmatise les excès du sport de haut niveau. Elle suppose toutefois que le sport soit une idéologie à lui tout seul et, paradoxalement, étanche aux affres de la société, ce qui est contestable. Si le sport de haute compétition sert l'idéologie capitaliste, on sait aussi comment il a servi celle du communisme, mais aussi, probablement, comme il peut incarner l'idéal démocratique : égalité des chances, prévalence de la règle, arbitrage, etc. En réalité, le sport *absorbe* les idéologies. Sa structure intrinsèque n'est pas plus d'ordre capitaliste, ou fasciste, ou communiste, ou démocratique. La simplicité de ses schémas de fonctionnement (scénarios, mécanismes de la compétition, principes d'identification populaire) fait qu'il recycle les idéologies, comme les grands mouvements de l'histoire, plus qu'il ne les conduit ou les engendre. Non étanche à la société dans laquelle il prospère, le sport est aussi traversé par ses problèmes : violence, racisme, dopage. Autrement dit, que le capitalisme trouve un terrain favorable dans le sport, nul ne le contestera. Mais soutenir que le sport soit intrinsèquement de nature capitaliste le réduit au sport de haut niveau et lui attribue la capacité à générer une idéologie de lui-même pour enfin occulter cette capacité particulière à épouser des approches idéologiques très distinctes, voire opposées.

Une économie instrumentale de soi

La question se pose, toutefois, des modalités de la construction sportive de soi dans la subjectivation d'un processus individuel. Construction sportive dans le sport d'élite, toujours emblématique et suscitant la réflexion, mais aussi dans la sportivisation des mœurs et des corps qui intéresse le sportif ordinaire.

Dans *l'Éthique protestante et l'esprit du capitalisme*, Max Weber met en évidence une «homologie de structure» entre l'esprit du capitalisme défini de façon idéal-typique et l'éthique protestante. Or, cette «homologie de structure», et nonobstant quelques réserves notamment liées à la place du corps dans le protestantisme, s'observe aussi dans les traits qui président au progressisme sportif. Le champion, comme beaucoup de ceux qui s'attellent à la construction quotidienne d'un corps sportif, mêlant diététique, cosmétologie, entraînement physique, etc., souscrit au profil ascétique: obsession de l'agir (le *faire*), valorisation du travail (la «profession-vocation»), rationalité, contrôle de soi, éthique référentielle, individualisme, utilitarisme, esprit de méthode et de sérieux, esprit de système, ascèse entendue comme un style de vie, enfin constitution et entretien d'un *capital*. Cela est emblématique d'une capitalisation sur soi et de ses modalités, parmi lesquelles une relation particulière à la douleur et au temps.

L'hédonisme suppose le plus souvent la quête du plaisir immédiat, toujours la primauté du plaisir. La construction sportive de soi, en particulier dans le sport de haut niveau, qui côtoie l'extrême et l'excès, implique la médiation de la douleur, soit un plaisir obtenu *après* ou *malgré* la douleur, soit un plaisir obtenu *par* la douleur. Cette expérience sportive commune, revendiquée par les champions et non exempte de masochisme, tranche avec l'hédonisme prétendument actuel et évoque une méritocratie de type chrétien – «Tu souffriras pour…» Par ailleurs, la perfectibilité du corps ou de la performance suppose l'espoir d'un *gain*, la constitution d'un *capital* (être jeune plus longtemps, vieillir mieux, etc.), qui appelle elle-même un report dans le temps. Le temps des régimes, de l'entraînement, se déploie dans la durée. C'est donc bien d'une temporalité de type capitaliste qu'il s'agit, dans laquelle l'investissement présent prend sens dans le futur et suggère un jugement dernier – «Votre corps se souvient de tout.»

Pour conclure, disons qu'il y a donc deux approches possibles de la relation du sport avec le capitalisme. D'une part, le système capitaliste s'est emparé de l'objet « sport » parce qu'il y avait un marché : spectacularisation du sport de haut niveau, mondialisation, « image » des champions et produits dérivés, civilisation des loisirs, etc. L'ampleur de ce marché est proportionnelle à celle de sa médiatisation. Que cette appropriation soit en lien avec l'essor de la bourgeoisie, qui promeut le sport et ses « valeurs » depuis l'origine moderne, ne fait aucun doute. Que la marchandisation du sport et des sportifs entre en opposition avec une certaine éthique du désintéressement, paradoxalement, se conçoit aussi. Néanmoins, ce n'est pas le sport qui génère ce système, même s'il en absorbe aisément les lois. Un « autre sport » est toujours possible.

Par ailleurs, également pour des raisons historiques et culturelles – l'apparition du sport dans des pays de culture chrétienne et protestante en particulier –, mais aussi de par l'impact d'une rationalité instrumentale sur l'individualité occidentale, le rapport au corps sportif et la sportivisation des mœurs et des corps sont aujourd'hui empreints de thèmes capitalistes : le corps est un capital. La performance se conçoit comme l'obtention d'un gain financier. La sculpture de soi est captation du temps et des efforts. L'esprit du capitalisme s'impose au-delà du sport, dans l'organisation comptable de l'existence, le néo-hygiénisme ambiant, la projection de la santé comme un bien de consommation. Par là, la capitalisation sur soi par le biais de la construction du corps est aussi un trait significatif de notre contemporain.

CHAMPION

À la question « qu'est-ce qu'un champion ? », le cycliste Jacques Anquetil avait répondu : « Sa capacité à souffrir. » Cette réponse incarne la dimension d'excès qui caractérise le sport de haut niveau, dimension toujours accrue qui en résume l'essence : l'amélioration de la performance. Point d'atténuation, point de réflexion comme dans le monde scolaire ou dans celui de l'entreprise sur « les rythmes de travail » ou les effets destructeurs du stress. Le sport de haute compétition demeure cette illustration emblématique d'un évolutionnisme de principe, selon lequel toute performance *doit* et *sera améliorée*.

Le champion est donc au cœur d'un projet expérimental qui conjugue les apports de la médecine, de la pharmacologie, de la diététique, de la psychologie, de l'innovation technologique et dans les méthodes d'entraînement. Poussé à ses limites, voire au-delà, jusqu'à la blessure, la « casse », la dépression, confrontant son corps naturel aux vertiges de l'artifice scientifique et technique, il évolue sur une ligne de crête éloignée du sportif ordinaire, toujours plus disjointe de la sphère du sport de masse – et bien qu'il y ait un dépassement de soi du sportif ordinaire et dans le sport de masse.

> **« En un sens, le champion est un monstre, un individu hors du commun, quelqu'un de difficilement imaginable pour le commun des mortels [...]. L'exploitation rationnelle de son capital neuro-morpho-physiologique permettra à cet individu naturellement doué de se hisser à la hauteur des tâches et des défis qui lui seront lancés au plus haut niveau, là où il rencontrera des individus à son image, doués, sélectionnés, entraînés, préparés. [...] [Il] est un être doué que l'on va fatiguer intensément, de façon à obtenir un rendement maximal de la mécanique humaine [en contrepartie de cette exploitation consentie d'un capital préexistant, il y aura des gains économiques et symboliques] : ce n'est pas un homme dont on cherche à optimiser la santé et le bien-être » (*Systèmes des sports*, Paul Yonnet).**

Dans ses *Mémoires olympiques*, Pierre de Coubertin prônait la « liberté d'excès », dont il faisait même la définition de la condition du « sportif ». La deuxième partie du XXe siècle aura vu l'apparition en propre du « sportif de haut niveau », individu pour qui le sport est un « métier », même s'il n'est pas « professionnel » au sens économique du terme. La relation capitalistique à une performance toujours plus pointue et nécessitant des investissements personnels, scientifiques, techniques et économiques toujours plus importants situe le champion dans l'« extrême », à la frontière de l'exploit et de la pathologie. Héroïsé, médiatisé, il suscite identifications et passions de toutes sortes. Il incarne une méritocratie originale, fondée à la fois sur la transparence et le respect des règles – il se distingue en cela d'autres formes de réussite sociale – et sur l'anticonformisme – il déjoue l'obligation scolaire et l'ascension sociale obtenue grâce aux diplômes. Par là, il « fait rêver », conciliant pour lui-même, et parfois tant bien que mal, une quête *subjective* de perfection aux résultats *objectifs* de son palmarès.

COMPÉTITION

À l'origine, la compétition « sportive » dérive des modalités guerrières et revêt principalement une signification religieuse. Plus largement, elle a part avec la mythologie, les légendes, la poésie chez Homère, Pindare, Simonide, Bacchylide, Virgile. Les jeux panhelléniques (dont les jeux Olympiques) qui structurent la vie sociale en Grèce sont l'occasion de trêves, mais aussi d'échanges commerciaux ou de traités politiques. La compétition est alors *agôn*, le combat, la lutte, la confrontation. Comme à la guerre, elle stimule les vertus physiques et morales, définit les contours de la grandeur et de l'excellence *(arêtê)*, révèle des héros plus tard statufiés. Par là s'exprime une représentation de l'humanité qui s'accomplit dans cette grandeur, mais aussi une vision du corps comme partie prenante de cet accomplissement.

La compétition en Grèce, mais également à Rome, prime sur toute notion de performance chiffrée. Seul compte le vainqueur. Aristocrate en Grèce, il accède au rang de demi-dieu et assure sa gloire sociale. Au contraire, à Rome, les aristocrates sont spectateurs, tandis que concourent dans les stades des individus de moindre statut, dont les meilleurs font fortune. Une différence majeure s'affirme là entre les deux types d'organisation. Peu considérés à Olympie au regard de la sophistication des codes et des infrastructures, les spectateurs sont relégués sur de simples talus. À Rome, le *Circus maximus* accueille 150 000 spectateurs et la compétition sportive devient un spectacle. Le symbolisme religieux et l'arrière-fond métaphysique, qui caractérisaient les premiers jeux grecs, mais qui s'étaient déjà estompés avant la domination romaine, laissent place à un professionnalisme mercantile.

Les compétitions antiques sont structurées, mais, néanmoins, leurs représentations de l'espace, du temps et surtout de la violence divergent d'avec les nôtres. Malgré les règles en principe contrôlées par des juges, les luttes au corps à corps sans limite de durée donnent lieu à une extrême violence. La mort des participants n'est pas rare. Au Moyen Âge, dans les jeux populaires qui perdurent alors que la culture du corps s'est affaiblie, les espaces et les temps des affrontements entre villages ou communautés sont indéfinis. Là encore, la violence vient sanctionner la victoire à la soule, lointain ancêtre du rugby, ou dans les joutes et tournois à lance. La compétition oppose des catégories sociales, des classes d'âge, des appartenances géographiques. En cela, sa codification reproduit et entérine les inégalités sociales.

À compter du XVIIIe siècle, et avec, à la fin du siècle, les prémices de l'apparition du sport moderne, la primauté de la mesure chiffrée s'affirme. Phénomène culturel, scientifique et social, connexe aux nouvelles représentations astronomique et physique du monde, au culte du progrès et à la croyance en la raison, la « mise en chiffres » envahit toutes les activités humaines. La performance corporelle, la rentabilité au travail interrogent le souci de progrès comme la peur de la *dégénération*. Au XIXe siècle, l'essor des statistiques et des instruments de mesure (notamment graphiques) pénètre logiquement la sphère des pratiques gymnastiques et sportives. Dès lors, outre les quantifications qui étalonnent le rendement musculaire et les progrès de la biologie et de la physiologie, la performance humaine dans le cadre des compétitions physiques se fait *record*.

Au XXe siècle, l'évolutionnisme sportif s'est inscrit dans la succession de records battus. Telle est la marque des temps modernes, qui consacrent des champions auteurs de *performances*. Et, quand celles-ci ne sont pas quantifiables en termes de temps, de vitesse, de longueur, de hauteur ou de poids, la passion des statistiques invente des «premières», des «nombres de titres», des «séries», et multiplie à l'envi comparaisons et palmarès. La compétition sportive est devenue inséparable de son «commentaire», qui se charge d'introduire angles d'approche et données statistiques nouvelles. La lutte interindividuelle ou collective, l'*agôn*, ne suffit plus, il lui faut son interprétation chiffrée, qui inscrit les champions dans une histoire comparative.

Cette assimilation entre «compétition» et «record», si elle est l'essence du sport de haut niveau, peut poser problème. En effet, le dopage n'apparaît-il pas quasi inéluctable quand on l'imagine comme l'un des moyens, après et en complément de bien d'autres, d'améliorer une performance d'un point de vue strictement quantitatif: courir ou nager ou pédaler plus vite, sauter plus haut? Si le record prime, l'amélioration de la performance ne passe-t-elle pas par une surenchère technicienne, comme la pharmacologie ou peut-être bientôt la génétique ou les nanotechnologies? Peut-on imaginer que la compétition, c'est-à-dire le plaisir de la victoire et du titre, plutôt que la performance chiffrée, prime à son tour, comme aux temps anciens, sachant que beaucoup de records dépendront à l'avenir de techniques illicites?

En réalité, la question est complexe, car les sports diffèrent, et ceux d'affrontement ou par équipe, tels le tennis ou le rugby, peuvent être tentés par le dopage, alors que le record chiffré ne les définit pas en propre. La victoire, quelle que soit sa formule, exige ses moyens. En outre, le chiffre, la mesure, la statistique ne sont pas seulement ceux des records, mais aussi ceux des enjeux économiques. Gagner a un prix aux deux sens du terme. Par ailleurs, les cadences infernales du sport de haut niveau suggèrent, quel que soit le sport, la tentation du dopage. La disjonction entre compétition et record ne serait alors que le rêve d'une pureté dépassée, d'une éthique du désintéressement qui prémunirait la compétition de ses «dérives», quand le sport de haut niveau évolue plus que jamais sur la trajectoire linéaire du dépassement de soi humain.

Restent le jeu, la compétition contre soi ou le dépassement de soi ordinaire, qui motivent les exploits personnels du sport de masse: finir un marathon en six heures s'il le faut, participer à un raid ou à un rallye, gravir un sommet ou simplement gagner un match. Par là, sans doute, se définit à proprement parler le sport, en différenciation des gymnastiques du XIXe siècle, de l'éducation physique scolaire ou de l'exercice physique recommandé par la médecine, dans cet attrait pour le jeu qu'est la compétition. Gagner ou perdre est évidemment l'issue logique, quoique parfois l'expérience soit plus intime – juste un rapport à soi dans l'effort, le plaisir d'être allé «au bout de soi» ou de «l'avoir fait» –, ce qui a pu justifier, depuis Thomas Arnold et Coubertin jusqu'aux enseignements institutionnels modernes, en passant par l'instrumentalisation de la compétition sportive à des fins de «stratégie d'entreprise» ou de «développement personnel», la qualification de cette compétition sportive d'«école de la vie».

CORPS

Depuis quelques décennies, une révolution s'est opérée quant au corps. Il ne s'agit plus seulement de soigner, de prévenir et de restaurer la santé (projet antique), ni de cultiver une perfectibilité corporelle influant sur le destin individuel (projet médical, pédagogique et politique du XVIIIe siècle), mais bien de modifier et de transformer le corps, c'est-à-dire aussi la nature. La pharmacologie nouvelle, les greffes, les prothèses, le dopage supposent la plasticité du corps humain et sa perméabilité à l'artifice technique. Tel est le fantasme d'aujourd'hui : la maîtrise (plus encore, la production) du corps, l'investissement identitaire dans un corps devenu destin, capital, jugement dernier. La perte des grandes transcendances, politiques et religieuses, au XXe siècle, a donc aussi cette conséquence matérialiste : l'espoir, c'est-à-dire la vie bonne, longue et saine, vient par le corps.

Or, le sport, et en particulier celui de haut niveau comme laboratoire expérimental de la performance humaine, incarne pleinement ce processus. L'optimisation exacerbée de tous les paramètres de la performance – matériaux, matériels, science médicale et entraînements, techniques gestuelles, diététique, préparation psychologique et stratégique – illustre un culte du progrès hérité des Lumières. Elle traduit une visée évolutionniste dont le dopage est un ingrédient logique, si ce n'est moralement ou médicalement légitime. Enfin, la construction sportive de soi suppose une économie instrumentale du corps, par laquelle l'entraînement du champion entre en résonance avec une sportivisation du corps et des mœurs. Au-delà de l'injonction médicale à faire de l'exercice se révèle le culte contemporain d'un « corps-œuvre » indéfiniment perfectible.

Cette sportivisation des mœurs et des corps a pour vecteurs la prescription médicale et les critères de l'intégration sociale et professionnelle : santé, beauté, jeunesse éternelle, « forme ».

L'Inpes (Institut national pour l'éducation et la santé) fait valoir que «bouger, c'est la santé» et assortit les publicités alimentaires de cette mention: «mangerbouger.fr». Par le sport, comme par l'alimentation ou les soins cosmétiques, je me construis le corps que je veux. Il se pourrait toutefois que l'hédonisme revendiqué et l'«hyperchoix» individualiste soient traversés par la thématique d'un rapport plaisir/douleur plus complexe qu'il n'y paraît, de même que par la persistance des normes d'un corps sain en cette période dite *anomique*. Il se pourrait aussi que le matérialisme affiché, renvoyant toujours à un au-delà de lui-même (le corps indéfiniment perfectible), laisse poindre l'idée d'une quête de transcendance, d'un au-delà de soi ou du moment présent.

Dans sa *Vie de Thésée*, Plutarque expose le paradoxe d'un bateau indéfiniment réparé et dont plus aucune pièce n'est d'origine. Ce bateau est-il encore celui de Thésée? Qu'est-ce qui en fait son identité pérenne? Est-il un autre? Même si le corps humain est soumis intrinsèquement à ce même questionnement de par sa nature biologique et le remplacement des cellules (qu'est-ce qui m'assure que je suis le/la même qu'il y a cinq ou trente ans?), force est de constater que le «corps ouvert» de la médecine moderne et le remplacement des organes accroissent son acuité. L'investigation savante conforte le matérialisme, qui entérine à son tour la *réification* du corps. Par là, la question du dépassement de soi ou de l'amélioration de l'humain apparaît comme une question technique, et la définition de l'identité humaine serait indissociable de la perméabilité du corps à l'artifice.

D

DÉPASSEMENT DE SOI

Le dépassement de soi est une valeur familière de nos sociétés modernes, plus encore dans la compétition sportive. Se dépasser, se transcender, se « défoncer », s'« arracher » sont devenus des leitmotivs. Alors même que certains domaines interrogent nouvellement la validité de l'idée de progrès (l'écologie, la géopolitique, le droit, la philosophie morale), alors que certains secteurs de la société questionnent les conséquences du culte de la performance (l'école, l'entreprise), rien de tel dans le sport d'élite, qui accroît ses cadences et enregistre ses records. Un évolutionnisme schématique s'illustre dans la comparaison des palmarès à 100 ans d'intervalle. Et, malgré une étude de l'Irmes (Institut de recherche biomédicale et d'épidémiologie du sport, créé en 2006) datant de 2008 et faisant état de limites humaines physiologiques prétendument atteintes dans les années 2020, ce qui interromprait la progression des performances, force est de constater l'incessant et complexe croisement de paramètres toujours affinés qui orchestrent le dépassement de soi sportif.

Certes, le sport de masse n'exclut nullement la compétition la plus acharnée, le dépassement de soi, voire l'addiction. Les appareils de mesure font florès dans les salles de sport, permettant la comparaison (et donc l'amélioration) des performances. Les parties de squash ou de football entre « amateurs » se vivent intensément. Les marathons de masse conduisent certains néophytes à l'épuisement. Ambivalence de l'excellence corporelle : la visée d'un « bien » ou d'un « équilibre » dans le sport-loisir ou la pédagogie se croise aussi d'une volonté de « mieux », de « performance », voire d'« excès » ou de « déséquilibre ». Dans ses *Mémoires olympiques*, Coubertin disait d'ailleurs que « l'idée de supprimer l'excès est une utopie de non-sportifs ». Le dépassement de soi n'est donc pas intrinsèquement ce qui distingue le sport de masse de celui de haut niveau. Néanmoins, nous dirons que le dépassement de soi est l'essence du sport de haut niveau et que ce dernier est le laboratoire expérimental du dépassement de soi humain.

Or, cette notion de dépassement de soi est une notion moderne, elle a une histoire. Son avènement se comprend autour de deux représentations du monde et de l'homme : celle qui régit la pensée antique dans sa grande majorité et celle qu'inaugure la modernité aux XVIe et XVIIe siècles.

Valeurs antiques

Ainsi n'y a-t-il, dans la philosophie antique, hors de la nature point de dessein ni de destin pour l'homme. Être excellent est accomplir un potentiel, « relatif à chacun », dit Aristote, traçant ainsi la voie de l'accomplissement personnel. L'excellence corporelle n'échappe pas à cette exigence. Tout est affaire d'équilibre, de mesure, de prudence morale. Et, dans les distinctions savantes d'Hippocrate entre mouvements naturels et forcés, dans le dosage précis de l'équilibre des humeurs, comme dans la prise en compte par le médecin grec Galien des solides, autrement dit les muscles, on lit l'attention scrupuleuse de la médecine grecque à convaincre l'homme que son équilibre réside dans une compréhension des préceptes naturels adaptés en une sagesse. L'idée que la nature puisse être dépassée, outrepassée, transgressée, n'est pas une valeur, mais signe au contraire la folie de qui est dans l'*hybris*, la démesure.

Certes, l'athlète antique d'Homère ou de Pindare s'est dépassé, de fait, dans des compétitions où il visait la gloire. De même, le coureur qui, de Marathon, rallia jadis Athènes et en mourut fit preuve de dépassement de soi. En réalité, cette gloire athlétique s'inscrit dans le cadre d'une impossibilité théorique à penser l'arrachement humain à la limite et à l'ordre et plus encore l'idée de progrès à l'infini, comme expression d'une liberté humaine. De cette liberté, la conceptualisation est encore subsumée sous l'explication physique du monde, l'inventivité se heurte au paradigme naturel. L'idée que l'homme pourrait œuvrer au dépassement de soi n'a pas de sens dans cette perspective. Car « dépasser quoi » dans un univers fini et circulaire (donc parfait), où toute chose a déjà sa place et sa fonction ? « Dépasser quoi » et « par qui », dans cet espace de pensée où la notion moderne de sujet est absente et où l'homme n'a, pour toute initiative, que de prendre place finalement dans un Tout, dont il n'a de répit dans sa vie terrestre que de l'avoir compris (vision théorétique, c'est-à-dire contemplative du monde) ? Aussi la contradiction antique se résout-elle là : la grandeur soit, mais le dépassement de soi, au sens d'une valeur accordée à l'arrachement à soi, à la loi et à l'ordre, à l'invention de l'homme par soi et de la mesure par l'homme, non.

Valeurs modernes

Une chose est de vivre dans une représentation du monde géocentrique, dans laquelle l'homme est contemplatif d'une mère nature, une autre dans ce qui deviendra, dès le XVIIe siècle, l'univers mécaniste cartésien ouvert sur l'infini par l'héliocentrisme copernicien. La nature se réduit à de l'étendue qu'on va mathématiser, expérimenter et désacraliser dans un activisme débridé. À l'aube de la modernité, un transfert progressif s'opère, d'ordre philosophique, scientifique, religieux, législatif, de la nature vers l'homme. La réflexion sur l'infini astronomique occupe les savants, de Nicolas de Cues à Descartes, de Copernic, Galilée à bientôt Newton. Elle fissure les certitudes quant à la providence naturelle. « Se rendre comme maîtres et possesseurs de la nature » (René Descartes, in *Discours de la méthode*) : le credo cartésien marque l'entrée dans la modernité scientifique et place la pensée humaine, comme la technique, en position de conquête. Dépris de son insertion finalisée dans le monde antique, arc-bouté sur l'idée nouvellement possible d'un univers infini qui rend du coup concevable l'idée de progrès, l'homme s'appuie sur les sciences pour conquérir le monde. Il devient ainsi le sujet, le penseur, la mesure de l'ordre naturel.

Se dépasser ? Maintenant oui, puisque épistémologiquement comme métaphysiquement l'homme acquiert un pouvoir technicien sur le monde comme sur lui-même. Il n'a plus de limites a priori. Dès lors, la pensée du corps suit cette embellie. Aux XVIe et XVIIe siècles, la naissance de l'individu s'assortit d'une attention soutenue aux apparences du corps, à sa rectitude, sans que les exercices proposés excèdent le champ de l'impératif médical, de la récréation pédagogique ou du divertissement mondain. Néanmoins, l'appropriation par l'homme des finalités de l'exercice physique s'affermit, anticipant les ambitions futures d'une construction de soi. Au XVIIIe siècle apparaissent les « éducations physiques », de par une volonté de parfaire, dès l'enfance, les corps comme les esprits. Autour de Rousseau, la préoccupation pédagogique a des étais médicaux, la médecine est partie prenante de l'idée de progrès. La perfectibilité de l'homme est une vertu cardinale, qui a un sens politique et suggère le dépassement de soi. Cet humanisme optimiste se complète, au XIXe siècle, de la caution scientifique accompagnant l'essor des sciences humaines. La statistique mesure l'homme sous tous les aspects : anthropologie, sociologie, économie, criminologie, politique.

Or, le XIXe siècle voit l'essor des gymnastiques et la naissance du sport moderne. La quantification des activités humaines appelle une fascination pour les normes. Les fantasmes d'optimisation n'ont d'égale que la peur de la dégénérescence. De par un processus dialectique, l'ordinaire appelle l'extraordinaire, la moyenne suppose ce qui l'excède. En réfléchissant sur la force de travail, en exhibant les hommes de foire, en inventant des machines graphiques comme les scientifiques von Helmholtz ou Marey, en entraînant *scientifiquement* les hommes sur le modèle anglais du *training* des chevaux, en baptisant le sport sur l'autel des palmarès et des records, les XIXe et XXe siècles concrétisent une fascination pour la performance. L'impulsion pédagogique à l'origine du sport se mue en un constructivisme toujours plus actif qu'autorisent les progrès de la science. D'où l'intérêt du philosophe pour le dépassement de soi sportif, emblème de cette évolution. Le sport de haut niveau moderne en est le laboratoire *et* le révélateur. En lui, l'idée de progrès trouve aujourd'hui son incarnation la plus spectaculaire.

DOPAGE

L'« affaire Festina » marque un tournant dans l'histoire du dopage. Dévoilée en 1998 à l'occasion du Tour de France, elle a fait l'objet d'une médiatisation et d'une judiciarisation sans précédent. Des douaniers avaient alors découvert des produits interdits dans la voiture des soigneurs, fait depuis réitéré. Le leader de l'équipe, Richard Virenque, s'était muré dans d'improbables dénégations pendant deux ans, avant d'avouer finalement s'être dopé, entre autres à l'EPO (l'érythropoïétine), qui provoque l'augmentation des globules rouges dans le sang, favorisant ainsi quantitativement et qualitativement le transport d'oxygène dans le muscle, et donc les capacités de celui-ci et son adaptation à l'effort.

Sans doute, cette affaire venait ponctuer une liste déjà fournie depuis l'après-guerre : mort de l'anglais Tom Simpson, dopé aux amphétamines, en 1967, dans l'ascension du mont Ventoux ; révélations de Jacques Anquetil sur ses piqûres de caféine, de vitamines et d'amphétamines, dans les années 1960; déclarations de médecins des ex-pays de l'Est sur le dopage systématique des enfants jusqu'à la fin des années 1980, avec des conséquences épidémiologiques effrayantes; scandale autour du sprinter canadien Ben Johnson, déclaré positif à la nandrolone en 1988, aux jeux Olympiques de Séoul; morts suspectes d'athlètes jeunes (comme la sprinteuse américaine Florence Griffith-Joyner), cyclistes professionnels atteints de thrombose ou d'hyperviscosité du sang, footballeurs italiens frappés de leucémie; soupçons portés régulièrement sur le cyclisme, la gymnastique, la natation, l'athlétisme ou le football, autant que sur des États comme la Chine; discrédit de l'haltérophilie ou, plus récemment, du ski de fond. Sans parler des sports professionnels américains qui échappent aux chartes internationales – les joueurs de football américain, par exemple, ont une espérance de vie de 55 ans et la moitié d'entre eux décèdent avant 47 ans (in *Dopage, l'imposture des performances* de Jean-Pierre de Mondenard).

La santé et la règle

Le traitement de l'« affaire Festina » a révélé l'émergence publique de valeurs fondamentales du sport mises en cause, la santé et la règle, et l'aspect subitement intolérable de cette mise en cause. Du coup, le dopage est devenu l'affaire de tous, comparable aux affaires de corruption politique ou économique. Les dirigeants, médecins et spécialistes du sport s'en sont emparés, relayés par une vindicte populaire toujours prête à critiquer ce que par ailleurs elle encense : « Tous dopés, tous pourris. » Depuis dix ans, le jeu de dupes s'est poursuivi : d'un côté, les institutions et instances médicales de la lutte anti-dopage, et un retard quasi structurel sur l'inventivité des dopés (et des dopeurs) ; de l'autre, des sportifs partagés entre les « chevaliers blancs du contrôle longitudinal » et les adeptes du « pas vu, pas pris », eux-mêmes encore scindés entre un « dopage du pauvre » (amphétamines, anabolisants) et un « dopage du riche » (EPO, hormones de croissance, peut-être un jour dopage génétique). De nouveaux scandales ont peu modifié la donne: affaire du laboratoire Balco aux États-Unis, prescripteur de stéroïdes pour des athlètes parmi les plus titrés; scandale autour du dopage sanguin dans le cyclisme, plus connu sous le nom d'«affaire Puerto». Les rares sanctions confirmées sont des sanctions essentiellement sportives: suspension des compétitions, retrait des médailles. Au passage, la relativité de la performance sportive s'enrichit là d'une nouvelle variante: la réversibilité des palmarès.

Les questions posées par le dopage sportif sont de deux ordres. Tout d'abord, le dopage nuit à la santé des athlètes, de toute évidence. Par là se légitime la nécessaire prise en charge par les pouvoirs publics et les instances de la lutte anti-dopage d'une population diversifiée d'enfants, d'adolescents et d'adultes menacés. Néanmoins, ce constat suggère trois remarques. Premièrement, la santé des athlètes de haut niveau est actuellement mise en danger par les pratiques d'entraînement toujours plus intensif et la précocité dans certains sports sans cesse accrue, et ce avant même ou indépendamment du dopage. Deuxièmement, on peut supposer que le dopage d'aujourd'hui, chimique et pharmacologique, pour une part détectable, puisse à l'avenir évoluer vers des formes peut-être moins nocives (qu'en sera-t-il du dopage génétique?), voire moins décelables. Comment l'évaluer alors? Troisièmement, on ne peut évoquer le dopage sportif sans évoquer le dopage social massif qui se généralise, depuis les consommations les plus anodines (mais néanmoins addictives) de produits vitaminés, d'aliments enrichis, d'alicaments ou de compléments alimentaires de toutes sortes, jusqu'à une véritable toxicomanie médicamenteuse, en particulier quant aux psychotropes. Ce phénomène invite à considérer le dopage sportif comme la partie émergée d'un iceberg social où le culte de la performance, admis comme ligne de force de la vie personnelle, scolaire ou professionnelle, fait des ravages. Par là, le sport n'est pas le seul lieu du dopage, mais il en est l'extrapolation des motifs et le laboratoire.

Ce dernier point amène à considérer le traitement particulier dont fait l'objet le dopage sportif, à la fois des points de vue juridique et médiatique. En effet, on n'a jamais invalidé la performance d'un chanteur, d'un écrivain ou d'un homme politique sur le motif de leur consommation de drogues ou de médicaments. Dans le sport, au-delà de la performance, du résultat, on exige la transparence, c'est-à-dire la traçabilité des moyens. Personne ne s'émeut qu'un poète ou un musicien se détruise au nom de son art. Chacun veut, au contraire, que la performance sportive soit le parangon d'une pureté que l'on qualifie alors de «morale». Car le sport est fondé originellement, depuis le XIXe siècle et les premières compétitions et institutions, et constitutivement de par l'essence de ses fonctionnements, sur la règle. La règle du jeu différencie entre eux les sports et les structure en tant que tels. Elle exclut ce qui est hors jeu plus violemment encore que la loi ne sanctionne, dans la société, ce qui est hors la loi. Elle contribue à faire du sport une sphère autonome, entretenant l'illusion d'une démarcation entre le sport et la vie. Ainsi, à l'argument de la santé, qui spécifie curieusement le dopage sportif, aux visées pédagogiques qui encadrèrent l'impulsion initiale, s'adjoint l'idée que, si la règle fonde ontologiquement le sport, la tricherie devient la transgression suprême. Contrevenant aux idéaux de pureté qui lui sont associés, à son mythe, le sport déçoit alors les attentes portées sur lui.

Bien sûr, on peut, là encore, à propos de la tricherie, faire plusieurs remarques. Rappeler, par exemple, qu'il s'agit d'une notion conventionnelle, donc relative, qui entretient avec la règle du jeu un rapport dialectique. Ainsi, l'inventivité du sport à fin de performance conduit à la création de matériels et de matériaux, à des innovations dans les techniques ou la gestuelle qui dérogent parfois à la règle en place et posent alors problème. Faut-il les accepter, auquel cas on notera là, la plupart du temps, un progrès ; faut-il les interdire, et on tracera la frontière entre le permis et le défendu, la règle et la tricherie? *Jouer*, d'une certaine manière, est toujours jouer avec la règle du jeu, évoluer à la limite de ce qui est permis, interpréter l'arbitrage, interpréter la règle, et donc, de ce fait, potentiellement *tricher*. Ce qui signifie que toute innovation (qui est le cœur de la performance) recèle une possibilité d'être jugée comme une tricherie. Étant relative, la notion de tricherie évolue donc, comme les listes de matériels autorisés et, on pourrait dire aussi, comme les listes de produits. Car, s'il y a indéniablement une différence entre un matériel destiné à améliorer le confort et la performance d'un athlète et une médication susceptible de le détruire, néanmoins, le processus dans lequel s'inscrit le dopage est le même que celui qui vise à l'amélioration de la performance par d'autres moyens techniques. Aussi, départie de ce caractère absolu qu'on lui accorde souvent, la tricherie sportive renvoie à la question de la spécificité du dopage sportif par rapport aux autres comportements sociaux. Pourquoi la tricherie est-elle intolérable dans le sport ?

Par ses scénarios simples, la visibilité de ses mécanismes, le sport est un *schème* propre à faciliter la compréhension de la règle. Il n'y a pas d'arrière-fond dans le sport, sauf à sortir du sport. La signification du sport est hors du sport, soit dans le commentaire tautologique, soit dans l'interprétation des présupposés. Or, ce caractère schématique suggère une épure. Dans l'attachement du sport à la règle, une manière de contrat social s'exprime, mixte historique du juridisme des Lumières et du parlementarisme anglais, c'est-à-dire une épure de ce que la société tente, idéalise ou manque : le suffrage universel, le progrès, l'État de droit. L'égalité sportive fascine. Passant sous silence les conditions d'accès au sport lui-même et à la performance, inégales de fait, elle s'illustre dans l'égalité de chacun devant la règle, derrière la ligne de départ, etc. En outre, la compétition sportive produit de l'égalité puisqu'une part de son succès repose sur la « glorieuse incertitude du sport », c'est-à-dire l'agencement réglé de poules, de divisions, de classements, présidant à l'affrontement entre « égaux ». En amont comme en aval, l'égalité sportive est le vecteur par où s'exhibe la démocratie. Dans le même temps, le triomphe du « meilleur » est, lui, de nature aristocratique. Par là, le sport est censé incarner une méritocratie exemplaire, réconciliant dans son spectacle rivalité et justice, l'égalité du principe et l'inégalité des faits, les chances de chacun et l'élitisme du vainqueur. Activité codée, le sport «persévère dans son être» par le respect des codes. Celui qui triomphe le fait selon des codes connus. Ailleurs, «dans la vie», la «triche», la «magouille», tout ce qui «n'est pas du sport», favorisent la réussite. Pas de «pistonnés» en sport, mais des champions au parcours évaluable, mesurable, traçable. D'où la fonction symbolique ici jouée et dans laquelle se projette avec passion une société déçue par les dysfonctionnements démocratiques. Le sport figure alors une contre-société vertueuse. On comprend mieux que le dopage rompe cette fonction symbolique et cette projection jouissive – on n'a jamais demandé à un chanteur de rock d'incarner l'idéal égalitaire et progressiste des Lumières.

Il serait possible d'imaginer une égalité restaurée par la légalisation du dopage. Si le sport d'élite est définitivement un spectacle, de surcroît mercantile, pourquoi ne pas laisser les sportifs user des médications de leur choix afin d'assurer l'obligation de performance? D'autant que certains affirment que les rééquilibrages hormonaux ou même la prise d'EPO permettraient d'éviter le pire dans le cas d'efforts intensifs répétés! Outre le fait que les sports sont en réalité très inégaux devant ces aspects de spectacularisation et de retombées financières, que les sportifs ne sont pas tous des professionnels exerçant ou susceptibles d'exercer leur «art» à leurs risques et périls, il faut encore abandonner les horizons pédagogiques et médicaux pour envisager cette option. Or, il n'y a pas *un*, mais *des* dopages, et une population diversifiée d'enfants comme d'adultes potentiellement concernée. Il paraît inenvisageable de légaliser un dopage concernant éventuellement des sportifs largement mineurs et, pour des questions de prévention de l'hygiène publique (donc politiques et sociales), un dopage qui tue. En outre, et quand bien même le dopage serait autorisé, son coût, parfois exorbitant, suppose(rait) un «mécénat» du dopage et des «écuries» d'athlètes dopés plus ou mieux que d'autres, c'est-à-dire une inégalité, de même que sont profondément inégales les façons dont les organismes humains réagissent au dopage, les variations des traitements en fonction des objectifs, etc. Au final, un dopage légalisé suggère, assez logiquement, d'autres formes d'inégalités que celle de la tricherie actuelle, avec un désastre sanitaire en sus.

La nature et l'artifice

Mais la question philosophique que pose le dopage est celle du rapport entre la nature et l'artifice. Dans cette longue évolution vers l'amélioration des performances que constitue l'histoire de l'humanité, les cent cinquante ans d'histoire du sport tracent une trajectoire linéaire, celle d'un progrès continu et chiffré. Mais ce progrès ne s'est accompli que par l'invention et l'assimilation de savoirs, de techniques et de matériels, régissant là comme ailleurs l'amélioration des résultats. En sport, comme dans tous les domaines, la conquête sur la nature et le hasard s'effectue grâce à des artifices, c'est-à-dire selon l'intrication étroite du *naturel* et du *culturel*. Or, le dopage comme amélioration artificielle de la performance prolonge et complète cette liste de procédés ; avec cette réserve d'importance, déjà soulignée, qu'il nuit (pour l'instant ?) gravement à la santé des athlètes.

Par conséquent, penser le dopage, c'est penser la globalité d'un processus qui apparaît intellectuellement logique, ce qui ne veut pas dire moralement légitime. C'est supposer également qu'il puisse prendre des formes moins nocives ou indétectables, compliquant les aspects juridiques. C'est imaginer enfin qu'à la malléabilité *ésoplastique* du corps, par l'absorption de substances variées, puisse s'adjoindre une malléabilité *exoplastique*, celle d'un corps réparé, transformé, augmenté par l'ajout de prothèses. Le cas d'Oscar Pistorius, athlète sud-africain handicapé depuis la naissance, équipé de prothèses et demandant à participer aux jeux Olympiques des valides en raison de ses performances sur 400 m proches des minima olympiques, est emblématique de l'interrogation qu'appelle le futur sur l'usage des *exosquelettes* dans le sport. Dès lors qu'un athlète handicapé accomplira des performances supérieures à celles des valides, la question du dopage prothétique, comme de celui par le biais des nanotechnologies – ces puces électroniques susceptibles de commander des fonctions du corps humain –, se posera. Il faudra alors que l'inventivité de la réflexion bioéthique soit à la (dé)mesure de celle du sport, sous peine de voir se multiplier des cyborgs aux corps technologisés.

Disons enfin un mot de la liberté individuelle des sportifs, souvent évoquée de manière ambiguë lorsqu'il s'agit d'opposer l'athlète voyou à celui victime du dopage. S'il y a plusieurs dopages, celui des enfants et celui des adultes en particulier, il y a nécessairement plusieurs considérations de la liberté individuelle et de la conscience que chacun peut avoir de ses choix et de leurs conséquences. Outre cette précision, plusieurs enquêtes s'adressant à des sportifs et leur demandant s'ils étaient prêts à assumer les effets du dopage sur leur santé, y compris un décès dans les cinq ans, pour le prix d'une médaille (argument de la santé), ou s'ils se doperaient si ce n'était pas nocif (argument de la tricherie), ont abouti à une statistique en faveur du dopage. C'est que, au-delà des injonctions collectives et des lois, la liberté de risquer, de se détruire, de préférer, tel Achille, une vie courte et glorieuse à une vie longue et médiocre, est au cœur de la décision de se doper. Sans entrer dans le débat pour savoir si l'individu est libre ou déterminé d'une manière générale, bien des athlètes, soit de par leurs origines géopolitiques ou sociales, soit par choix personnel, peuvent opter pour le dopage comme un risque assumable, minime au regard des sacrifices déjà effectués, ou dont la récompense visée surpasse tous les périls. C'est ainsi que la complexe liberté du sportif, parfois ignorant des produits qu'il absorbe, parfois juste soucieux de n'être pas démasqué, se mêle à l'obsession de performance qui conduit le sport. Le dopage amateur, de proportion non négligeable bien que moins médiatisé, emprunte à ce titre les mêmes voies.

E

ÉDUCATION PHYSIQUE

L'«éducation physique» n'est pas le «sport», et pourtant, dans le cadre scolaire, les élèves disent «J'ai sport» et «prof de sport»! Ce glissement sémantique n'est pas qu'un effet de mode ou une facilité de vocabulaire. Il traduit l'histoire complexe et ancienne d'une discipline qui prend son origine au XVIIIe siècle, s'accomplit dans les *gymnastiques* du XIXe, avant que d'être, au XXe siècle, concurrencée par le *sport*. Qu'éduque-t-on en *éducation physique*? demandait le philosophe Jacques Ulmann dans son ouvrage *De la gymnastique aux sports modernes*. Pas d'un côté le corps et de l'autre les capacités intellectuelles, mais une imbrication entre physique et intellect qui suppose des finalités, une vision de l'homme, voire une représentation philosophique du rapport âme/corps. Tour à tour militaire, médicale et pédagogique, l'éducation physique a puisé dans l'Antiquité ces finalités et représentations. Mais c'est seulement au XVIIIe siècle que son *corpus* commence à se constituer et que la discipline spécifiquement adressée aux jeunes gens que nous connaissons s'élabore. Elle a part, alors, aux bouleversements politiques et sociaux. Elle prépare le terrain pour une rationalisation, le siècle suivant, de la force et du mouvement humains. Au XXe siècle, elle devra raffermir ses positions et principes, alors que le sport s'impose comme jeu, envahissant pédagogie et médias.

XVIIIe siècle : le corps comme territoire de perfectibilité

> **« L'homme ne peut devenir homme que par l'éducation. Il n'est que ce que l'éducation fait de lui. Il faut bien remarquer que l'homme n'est éduqué que par des hommes et par des hommes qui ont été également éduqués. [...] Ordinairement, les parents élèvent leurs enfants seulement en vue de les adapter au monde actuel, si corrompu soit-il. Ils devraient bien plutôt leur donner une éducation meilleure, afin qu'un meilleur état pût en sortir dans l'avenir. Toutefois, deux obstacles se présentent ici : 1) Ordinairement les parents ne se soucient que d'une chose : que leurs enfants réussissent bien dans le monde, et 2) les princes ne considèrent leurs sujets que comme des instruments pour leurs desseins. [...] Mais de qui faut-il attendre un meilleur état du monde ? Est-ce des princes ou des sujets ? » (Emmanuel Kant, *Réflexions sur l'éducation*).**

Au XVIIIe siècle éclot un contexte théorique où l'on s'interroge à la fois sur la perfectibilité de l'homme et sur ses rapports avec la nature. L'expression « éducation physique » apparaît en 1762 sous la plume du médecin Ballexserd dans sa *Dissertation sur l'éducation physique des enfants jusqu'à l'âge de la puberté.* Autour du duc d'Orléans et de la préceptrice de ses enfants, Madame de Genlis, un réseau se constitue dans un climat réformiste inspiré de Rousseau. Le monde de l'enfance revêt un intérêt nouveau. La prise de conscience que l'enfance induit les comportements adultes, comme les états de santé futurs de l'individu, amène à s'interroger sur les conditions de vie. Les exercices corporels et intellectuels intéressent donc le plus jeune âge. En outre, les idées politiques nouvelles, l'ébranlement révolutionnaire gageant qu'un individu puisse s'améliorer, changer de condition, s'élever socialement sans être cantonné toute son existence à un déterminisme fatal, créent un intérêt pour l'éducation. L'éducation va donc être l'outil de la démocratie naissante et diffuser l'idée qu'on puisse progresser.

Les influences sont longtemps médicales. Le souci du bon épanouissement de l'enfant révèle des préoccupations quant à l'usage du maillot, aux régimes, à la propreté, aux exercices physiques, qu'avait esquissées le XVIIe siècle. Mais la manière de s'habiller, d'apprendre à marcher, de se nourrir, les soins quotidiens en général apparaissent peu à peu du ressort de l'éducation. L'enfant fait l'objet d'attentions particulières. On voit en lui une promesse. Le corps se révèle territoire de perfectibilité. Plusieurs termes apparaissent alors, souvent en situation d'équivalence: «éducation physique», «éducation médicale», «éducation corporelle».

L'idée du développement des potentialités individuelles apparaît, annonçant une problématique moderne. Car qu'est-ce que «développer» un individu: est-ce lui permettre d'exprimer ce dont il est capable, ce qu'il recèle en lui comme possibilités? Est-ce le «parfaire», c'est-à-dire lui permettre de réaliser au mieux ces potentialités, voire l'amener à les optimiser, à les extrapoler en parvenant à «dépasser ses limites»? L'ambivalence de l'«excellence corporelle» réside là, dans cette hésitation entre le «bien» et le «mieux», plus tard illustrée par le débat entre éducation physique et sport ou entre santé et performance. Toutefois, si le souci de rectitude corporelle le dispute encore à l'idée du libre épanouissement de l'enfant, construire l'individu au travers de son corps est une orientation nouvelle du XVIIIe siècle.

En même temps se développe le spectre de la *dégénération*. Alors que s'invente l'idée de progrès, grandit en miroir cette inquiétude diffuse. L'étude du monde animal aussi bien que les interrogations sur la place de l'homme dans la nature suggèrent des peurs quant à l'évolution des espèces. Buffon mesure l'être humain, sa taille, son poids, et établit des comparatifs. Vandermonde insiste sur la nécessité d'un gain de force et veut perfectionner l'humanité par l'exercice et l'hygiène. Le rêve d'améliorer l'espèce humaine passe donc ici par l'amélioration corporelle.

L'éducation physique oscille entre la contention des excès et le progrès de l'individu. S'inaugurent des thèmes récurrents : « bien-être », « santé », « équilibre » seront opposables aux excès du sport, « perfectibilité » et « surnature » questionneront le thème moderne du « dépassement de soi ».

XIXe siècle : rationalisation de la force et du mouvement humains

Au XIXe siècle, l'éducation physique voit ses finalités se diversifier et croiser celles du sport nouvellement advenu. Le rôle hygiénique demeure, visant la correction des morphologies. Ainsi, dans la « gymnastique suédoise », longtemps considérée comme « traditionnelle », l'exigence anatomique domine, ainsi que le principe de fixer le corps par un engin ou par une station. Mais la gymnastique insère aussi l'individu dans un réseau de finalités utilitaires. Parce qu'elle doit former des individus vigoureux et droits physiquement, cette rectitude aura un effet moral, et la force ou l'endurance développées auront une effectivité sociale, voire militaire. Aussi l'influence militaire complète-t-elle l'influence médicale et favorise-t-elle en France, mais aussi en Allemagne, la diffusion et l'institutionnalisation de l'éducation physique.

En 1817, le ministère de la Guerre confie au colonel Amoros la direction d'un « gymnase normal militaire », qui préfigure l'École de Joinville. Il y met en pratique une gymnastique à base d'exercices militaires et à fins utilitaires et morales : cours d'anatomie, de physiologie, de mécanique du mouvement, usage d'appareils, pratique du chant. La posture militaire devient la référence. Mais la véritable nouveauté, en ce début de siècle, tient à l'analyse du mouvement : le calcul des forces produites, celui des vitesses et des temps. À l'instar des analyses entreprises à la même époque dans le domaine du travail, le thème de l'efficacité prédomine. Quel est le geste le plus rentable, le plus performant, le plus économe ? La force comme l'entraînement mécanique donnent matière à mesures. Assimilé à un moteur, le corps justifie le recours au chiffre pour évaluer ses performances.

L'éducation physique (incluant des gymnastiques de plus en plus spécialisées) est comparée au travail des grammairiens, à l'apprentissage d'un ABC du progrès corporel. Avec ou sans appareils, par le biais de mouvements plus ou moins dynamiques, sous une influence davantage hygiénique ou militaire, scientiste ou utilitariste, elle tire parti de connaissances accrues quant au fonctionnement du corps humain (respiration, muscles, mouvement, etc.). Trouvant là matière à coordonner les énergies et à motiver la jeunesse, les militaires favorisent aussi la création de nombreuses « sociétés de gymnastique ». Ainsi s'affirme, dans ce contexte nationaliste, l'élaboration d'une « méthode française », au-delà de la gymnastique allemande (aux agrès), suédoise (médicale) et des sports anglais.

Cet engouement accompagne le développement urbain des gymnases. Des finalités diverses traversent cette diffusion : préoccupation hygiénique, bien sûr, mais aussi esthétique, mondaine, développement de la force à des fins professionnelles ou militaires ou encore acrobatiques, culturisme. Les gymnases font l'objet d'un commerce florissant qui coalise des objectifs distincts, mais dont le point commun est la prise en compte individuelle d'un perfectionnement de soi. S'appuyant sur ce succès, les journalistes Eugène Paz ou Paschal Grousset militent en faveur de l'obligation de la gymnastique dans les écoles, alors qu'Hippolyte Triat rêve de transformer, dans les années 1860, l'île de Billancourt en « temple de la régénération de l'homme » ou en « école normale de gymnastique raisonnée ».

L'éducation physique devient le champ d'observation et d'élaboration de la performance humaine, qui, de l'entraînement des chevaux *(training)* à l'optimisation du travail des ouvriers (ergonomie), nourrit le fantasme d'un corps perfectible. Toutefois, à la fin du XIXe siècle, le développement du sport vient la concurrencer. Le jeu s'oppose à l'austérité des gymnastiques statiques, l'initiative individuelle à l'ordonnancement des collectifs, le plaisir du record battu aux préoccupations hygiénistes. Une rivalité s'initie dans les finalités, les espaces et les temps, bientôt la médiatisation. Et si Pierre de Coubertin, sensible par ailleurs à la thématique du « surmenage » scolaire, rêve encore d'une éducation physique pour tous, et en particulier dans les écoles, force est de constater que le succès du sport menace bientôt la légitimité de l'éducation physique. D'où, tout au long du XXe siècle, leur conflit idéologique.

XXe siècle : la concurrence du sport

Le XXe siècle va voir le glissement progressif d'une éducation physique à but « anthropotechnique » à une éducation physique à but pédagogique et modérateur. Au tournant du siècle, à la station de physiologie du Stade des Princes, Étienne-Jules Marey et Georges Demenÿ élaborent le concept d'« anthropotechnie » ou « tentative d'exploitation industrielle de l'organisme humain ». Marey met au point la chronophotographie et décompose graphiquement le mouvement. Demenÿ projette une gymnastique fonctionnelle et éclectique, répondant aux finalités mécaniques et énergétiques du corps humain. Elle devra procurer santé, beauté, adresse, virilité. Le corps est soumis à un examen scientifique de sa rentabilité maximale. Demenÿ choisit, pour ses expérimentations, des « sujets d'élite », venus de l'École de Joinville, dont il veut formaliser les « structures motrices » afin d'en diffuser les principes.

On devine l'ambivalence de cette éducation physique scientifique, qui promeut à la fois l'équilibre et la performance, choisit l'athlète d'exception comme modèle, mais pour fonder une norme qui servira pour tous, les moins doués, les plus faibles. Quel est alors son rôle ? Comment peut-elle à la fois concilier la fascination de l'époque pour l'optimisation des performances et sa vocation formatrice, éducatrice, voire compensatrice? Développer et optimiser, éduquer, mais aussi parfaire. Comment peut-elle ne pas se diviser entre une pédagogie de la globalité, du développement harmonieux de l'ensemble des facultés et l'attention qu'elle porte incontestablement aux réalisations les plus expertes, les plus exceptionnelles, encourageant, ne serait-ce que par son œil scientifique, la recherche des plus hautes performances?

Dans *l'Éducation physique, virile et morale par la méthode naturelle,* Georges Hébert prône, lui, un «retour à la nature», inspiré du XVIIIe siècle. Le but est d'accroître les résistances organiques, de mettre en valeur les aptitudes de l'individu dans tous les genres d'exercices naturels et utilitaires, de développer l'énergie et toutes les autres qualités d'action ou viriles, de subordonner, enfin, tout cet acquis à une morale dominante: l'altruisme. Hébert théorise le conflit de l'éducation physique et du sport. Il dénonce, dans le sport, la spécialisation à outrance, le spectacle et l'exhibition commerciale. À ses yeux, la conception du sport est faussée, puisqu'il oppose les hommes en des compétitions et que, à cette fin, il soumet des activités humaines, aussi naturelles que le saut et la course, à des règles artificielles. Il les dénature. D'où ses effets, souvent désastreux, sur la machine humaine.

La «méthode naturelle» est ici opposée à la spécialisation sportive. Le débat du XXe siècle est posé. D'un côté, la préconisation d'une éducation globale, épanouissant les qualités «foncières» de l'individu et profitant au maximum du plein air, des cures de soleil, des bains de mer. De l'autre, un sport perçu et anticipé selon ses traits contemporains: culte de l'individualisme, de la performance qui déséquilibre les corps autant que les esprits, emprise de l'argent sur des pratiques qui deviennent des spectacles et confinent à l'exhibitionnisme mercantile. La réalité est plus nuancée. Fort d'un succès social croissant et sous l'impulsion du coubertinisme, le sport s'inclut durablement dans l'éducation. L'éducation physique elle-même n'est pas étanche à la thématique du progrès. Toutefois, le monopole sémantique qu'acquiert le sport quant à l'ensemble des activités physiques, sa médiatisation ainsi que la sportivisation progressive des mœurs dans la deuxième partie du XXe siècle, somment l'éducation physique de s'interroger sur ses finalités, sous peine de disparition.

À quoi sert l'EPS ?

L'éducation physique et sportive (EPS) scolaire est aujourd'hui une hydre à deux têtes faite d'un héritage historique et conceptuel dense. Le sport est-il une partie de l'éducation physique, justifiant la pratique des jeux et exercices dans le cadre scolaire? Ou bien « tout » est-il résolument sport ? L'éducation physique exclut-elle la « performance », qui suppose, à l'école, la question de l'« évaluation », de la notation? Comment évaluer les compétences physiques d'un individu sans juger d'emblée son corps, ses aptitudes ou inaptitudes innées? Comment l'EPS peut-elle concilier son héritage scientifique, fer de lance de l'optimisation de l'humain, et les missions sociales qui lui sont aujourd'hui confiées: éducation à la citoyenneté, lutte contre la violence et contre l'obésité, éducation à l'hygiène et à l'environnement? D'une part, la compétition sportive bouscule les anciens systèmes pédagogiques, interroge les doctrines, séduit aussi. De l'autre, la sportivisation des mœurs et la médicalisation de l'existence érigent l'exercice physique en leitmotiv de la « vie bonne ».

À l'heure actuelle, et bien que les laboratoires de recherche aient fleuri dans les filières universitaires Staps (Sciences et techniques des activités physiques et sportives, autrefois entièrement vouées à la formation des professeurs d'EPS), ce n'est plus l'éducation physique qui est le laboratoire expérimental de la performance humaine, mais le sport. Une éducation physique scientifisée trouve peu d'écho dans le grand public, d'autant que celui-ci ignore, parfois, jusqu'à ses contenus scolaires. En revanche, une éducation physique à but pédagogique, exprimant un projet de société quant à l'éducation des jeunes, mais aussi des thématiques sociales quant au corps, semble plus que jamais d'actualité. On ne peut que regretter alors sa faible légitimité, ses quotas horaires dérisoires et une identité incertaine que fragilise, au prorata de sa présence médiatique, le sport de haute compétition.

ÉGALITÉ

À la différence des jeux anciens, la question de l'égalité est centrale dans le sport moderne. Sur l'égalité des chances entre les participants et surtout sur l'égalité de chacun devant les règles repose en effet le fonctionnement du sport comme activité contractuelle. Des classes sociales distinctes, des appartenances à des cultures ou à des communautés différentes, différentes classes d'âge se rencontrent dans la compétition sportive unifiée sous ce principe : « Les règles sont les mêmes pour tous », et « Que le meilleur gagne ! ». Par là, le sport réalise ce que la société démocratique idéalise ou manque : une manière de contrat social, une méritocratie originale où, selon Alain Ehrenberg dans *le Culte de la performance*, s'accomplirait « le mariage harmonieux de la concurrence et de la justice ». Il n'en allait pas de même autrefois, ni dans l'Antiquité ni dans les jeux populaires du Moyen Âge, où de puissantes inégalités sociales structuraient comme en miroir les affrontements « sportifs ». Mais, au XIXe siècle, le projet pédagogique anglais adopté par l'aristocratie et la bourgeoisie européennes a suivi d'autres voies : le sport s'est fédéré autour de son support ontologique, l'égalitarisme de la règle.

Toutefois, comme dans toute vision méritocratique, l'égalité de principe masque l'inégalité de fait. La démocratie de la ligne de départ précède l'aristocratie du résultat : un seul gagne, le meilleur. Le sport de haute compétition fait de cette bivalence un spectacle, réussissant là mieux que la société par ailleurs. Du coup, les flagrantes inégalités que révèle ou recrée la compétition – entre les faibles, les forts, les doués, les moins doués, les hommes, les femmes, les nantis, les prolétaires, etc. – passent presque inaperçues au regard du principe et de l'esprit qui semblent dominer. L'égalité résume à elle seule ce que le sport voudrait être, autant que ce que son histoire le porte à être : une épure de l'État de droit, une illustration de la société de progrès qu'avait rêvée le juridisme des Lumières. Qu'est-ce que l'égalité sportive ? Un affrontement interindividuel ou collectif sous l'efficience d'un arbitrage ; un principe d'équité qui fait que chacun sera renvoyé à ses propres forces. Ce qui, au passage, diffère un peu de la société, en ce sens que rien ne prévoit, dans le sport, une compensation à l'inégalité de fait. Si vous êtes faible ou démuni, le droit vous protège. Dans le sport, la règle ne fait qu'entériner vos insuffisances, exception faite des courses hippiques à handicap.

Dans son ouvrage *Systèmes des sports*, le sociologue Paul Yonnet a mis en évidence les deux vecteurs régissant le sport-spectacle : l'incertitude et l'identification. C'est parce qu'il y a incertitude que les foules s'intéressent au spectacle sportif ; c'est aussi parce qu'elles peuvent s'identifier aux champions ou aux équipes. Or, l'incertitude repose sur la *mise en scène* de l'égalité. Poules, divisions, classements, catégories, têtes de série visent à instaurer une compétition entre égaux. Une trop grande disparité dans les performances n'intéresse pas le grand public, qui tient au sel de la compétition. Ce qui permet de dire que le sport s'adosse structurellement et historiquement à la notion d'égalité, tout autant qu'il *produit* de l'égalité. Par là, on comprend ce que le dopage vient rompre, ici plus qu'ailleurs. Le dopage introduit du désordre là où il y avait prétendument de l'ordre, de la tricherie dans un monde ontologiquement structuré par la règle et de l'inégalité dans le sanctuaire de l'égalitarisme. D'aucuns relèveront que l'égalité n'existe pas plus avec ou sans le dopage, tellement les moyens techniques et économiques de la préparation sportive varient. Néanmoins, la conjonction de l'idéal méritocratique (pas de « fils à papa » en sport), de la transparence des règles (ou traçabilité de la performance) et de l'imaginaire d'un corps sain ou naturel fait du dopage un outrage à l'égalité.

ESPACE

Le sport s'identifie, en partie, par ses espaces dédiés : gymnase, piscine, stade, courts, pistes, hippodromes, patinoires, etc. Plus avant, le sport-spectacle a personnalisé certains d'entre eux, référant à une histoire ou à des épreuves « mythiques » : le « temple » de Twickenham (rugby), le Maracaña de Rio de Janeiro (football), la descente de Kitzbühel (ski), le circuit du Nürburgring (automobile), etc. Mais encore, la commercialisation des espaces sportifs et des produits dérivés amène la sophistication du décor : couleurs identifiables, logos de sponsors, espaces publicitaires. Ainsi le stade Roland-Garros, accueillant les Internationaux de France de tennis, est-il immédiatement identifiable au travers des couleurs ocre et verte qui symbolisent le tournoi, tandis que Wimbledon choisit le vert et le violet. Changement d'ambiance, de tonalité. Comme une salle de spectacle, l'espace sportif est aujourd'hui un lieu sophistiqué où acteurs et spectateurs composent ensemble la représentation. Se croisent alors imaginaire, performance et commerce.

Le philosophe Bernard Jeu voit dans la délimitation de l'espace sportif, et ce depuis l'Antiquité et dans la mythologie, l'énonciation d'une grammaire symbolique. La vie, la mort, l'amour, le mariage, la violence, la communauté, le religieux trouveraient à s'exprimer dans le dessin des lignes, le partage des filets, la position arbitrale. Force est de reconnaître que l'Antiquité, en particulier grecque, a porté un soin particulier à la codification de ses activités physiques, « sportives » ou non : les gymnases, les palestres, les courses ou les épreuves hippiques ont des mesures précises. Les lieux d'entraînement voisinent avec les salles de repos, de massage, les compétitions sont réglées par des juges, les *hellanodices*.

> **« Le stade, théâtre à l'antique, est un monde fermé sur soi, une sorte de lieu absolu. [...] Cette fermeture de l'espace et du temps permet au sport d'acquérir son caractère dramatique. C'est par là que le cercle de l'ordalie se constitue. [...] On ne sort pas du cercle sans qu'il y ait un vainqueur et un vaincu » (in *Analyse du sport*).**

Au Moyen Âge, tandis que s'affaiblit la culture du corps antique, en même temps que disparaissent les grands Jeux, la persistance de jeux populaires suppose une dispersion des espaces. Comme le dit Georges Vigarello dans *Du jeu ancien au show sportif*: « Tout terrain [semble] susceptible de devenir celui du jeu, la place de l'église pour la paume, les chemins enneigés pour la crosse, les fossés de la ville pour le tir. » On bat la campagne dans les affrontements entre villages pour la soule. Les salles de paume couverte sont des exceptions. Il faut attendre le XIXe siècle et la création du sport moderne (anglais) pour trouver à nouveau le souci d'une codification des espaces. Cela se fait sous l'empire de l'industrialisation, dans une société qui normalise la pédagogie et la règle. Le sport se pratique désormais dans des clubs, dans des espaces créés à son intention, le stade par exemple, séparés de la vie courante. Une contre-société s'esquisse, inventant de nouvelles sociabilités, une temporalité adaptée, des programmes, des concours, des palmarès. La gymnastique du XIXe siècle, par ailleurs et sous l'influence militaire, s'épanouit dans l'espace clos des cours d'école.

Au début du XXe siècle et sous l'influence de Georges Hébert, l'espace sportif se fait plein air. Hébert prône un « retour à la nature ». Celui-ci suppose un retour à l'hygiène, mais aussi la découverte des activités physiques en milieu naturel. C'est l'époque des bains de mer et de l'héliothérapie, du naturisme. Ce mouvement trouvera relais – mais entre-temps les conditions sociales auront changé : société des loisirs, individualisme, préoccupations écologiques, « contre-culture » sportive – dans la vogue des « sports de plein air ». Dans les années 1970 fleurissent les sports de pleine nature : jogging « libre », VTT, planche à voile, puis les sports californiens (le surf et ses dérivés), randonnée, raids et autres sports d'aventure, sports d'eau et canyoning, sports d'air, de neige, etc. Un glissement progressif s'opère qui voit la conquête de nouveaux espaces par le sport, ses codifications et sa technologie : les *circumnavigations* se font courses chronométrées ou « premières », de même que l'alpinisme ; la course automobile conquiert le désert (Paris-Dakar) ou le centre des villes (circuit de Monaco) ; tous les milieux naturels, l'air, l'eau, la neige, le sable, deviennent supports et environnements d'épreuves nouvelles, d'aventure ou extrêmes ; jusqu'aux espaces et mobilier urbains, devenus les nouveaux stades pour adeptes du roller ou du skateboard.

Ainsi, à la frontière du sport, le sport lui-même s'échoue dans le record qui le supplante : pour exemple, les 116 records du monde de l'américain Steve Fossett, disparu en 2007 dans le désert du Nevada, après avoir multiplié les performances dans les airs et sur les mers. Ou le sport réduit à sa raison pure : le record. Devra-t-on imaginer, pour espaces de demain, des compétitions dans l'espace ? Il semble que, territoire après territoire, ceux de la nature, y compris la plus hostile, ceux des savoirs et techniques comme un livre ouvert, mais aussi ceux du corps, l'homme sportivise ses espaces. Il ne se contente pas d'« avaler les kilomètres » (expression des cyclistes ou des marathoniens), il les invente. Tout fait l'objet de mesures, de dépassement de soi, de conquête, de jeu. L'espace est un *schème* mouvant, une catégorie en évolution. De l'espace publicitaire à la quête de grands espaces, le spectre est large qui signe l'appropriation de l'espace sportif par l'imagination, la technologie et le merchandising.

EXTRÊME

Indéniablement, l' «extrême» qualifie la pratique sportive de haut niveau, pour laquelle tous les paramètres sont optimisés: matériaux, matériels, techniques, suivi médical, préparation physique, intensité de la compétition, dépassement de soi. Il n'est pas absent, par ailleurs, de certaines pratiques de masse, où le dépassement de soi ordinaire confine à l'excès, à la prise de risque, et que résume une terminologie à la mode: «se défoncer», «se déchirer», «s'éclater», etc.

Mais, plus avant, le mot «extrême» manifeste une intensité d'usage révélée par des pratiques sociales diverses (sports et loisirs d'aventure ou à risque, vacances, expériences sensorielles) que réunit un point commun: la volonté de tester ses limites, d'accéder à des émotions ou sensations exceptionnelles ou inconnues. Dans *Systèmes des sports*, Paul Yonnet rappelle comment «la notion d'extrême a fait tache d'huile dans les années 1980», englobant des pratiques en milieu naturel «sauvage», se substituant au mot «aventure», se confondant avec la «prénotion *fun*» et qualifiant, pour finir, à la fin des années 1990, des produits de consommation très divers (parfums, glaces, vêtements, chaussures, technologies, voitures, films X). «Extrême est dans tous ces sens utilisé comme argument positif, destiné à séduire en qualifiant le caractère (prétendu) limite, exceptionnel, sortant de la moyenne, de l'ordinaire ou de la norme, d'une activité, d'une machine ou d'une production quelconque.» Notons, au passage, l'acception différente du mot lorsqu'il s'agit de politique ou du débat d'idées. «Cette distorsion s'explique par une généalogie séparée [...]. La filiation argumentaire du qualificatif "extrême" dans la publicité et la consommation de masse remonte à la naissance d'une nouvelle acception du mot appliquée à des pratiques de loisir au tournant des années 1980, tandis que la généalogie de l'extrême, en politique ou en idéologie, plonge dans les expériences réprouvées du national-socialisme et du communisme.»

Yonnet propose une typologie distinguant aventure, extrême, extrême d'aventure, extrême sportif, extrême de masse. L'aventure est une «première», par exemple en alpinisme, regroupant de l'inconnu, de l'incertitude, de la performance athlétique et du temps. Elle comporte toujours une part d'extrême, par le fait du franchissement de limites individuelles ou collectives. On parle alors d'extrême d'aventure pour qualifier des entreprises risquées (traversées maritimes), aux inconnues nombreuses, et d'extrême sportif lorsque les parcours balisés permettent compétition, comparaison et records (des «courses» maritimes). Le risque est toujours au rendez-vous, le dépassement de soi, la mort parfois, qui rend la défaite fatale. Tout concourt aujourd'hui à mener l'aventure ou l'extrême d'aventure à l'extrême sportif*:* «Un parcours est dompté, un espace est conquis, alors les compétiteurs peuvent s'y mesurer.» Ainsi se cerne mieux ce qui est à proprement parler sport. L'extrême de masse, enfin, qualifie le dépassement de soi et le risque «à portée de tous», lors d'épreuves ouvertes aux champions et aux «amateurs»: marathon de Paris ou de New York, Paris-Dakar, mais aussi trekking ou raids en milieu hostile, etc.

La recherche de sensations fortes au cœur de l'extrême traduit plusieurs traits du contemporain. Proposons, à notre tour, quatre catégories: 1/ La quête d'aventure*:* la conquête d'espaces et de pleine nature est une évolution du sport, qui, conjuguée à la «civilisation des loisirs», promeut des expériences et des technologies nouvelles, propres à fournir ces sensations. 2/ L'épreuve du risque: les sociétés sécuritaires suscitent, par contraste, un désir de sensations et de risque (particulièrement chez les «cols blancs» ou les adolescents), permettant d'éprouver sa vie au risque de la mort. D'où le succès d'activités comme le saut à l'élastique ou le vol libre. 3/ L'investissement sur soi: la volonté de «ne rien perdre de sa vie» ou de «vivre pleinement le moment présent» traduit la perte de transcendance de l'individualisme contemporain: l'individu ne peut que s'en remettre à lui et à sa vie «matérielle» pour éprouver le sentiment d'exister. D'où la tentation d'«extrémiser» une existence fragilisée dans son identité. 4/ La psychologisation des conduites : par sa référence constante à la sensation, l'extrême renvoie à la psychologisation des conduites propre à notre société (développement du « sens intime », introspection, médicalisation des comportements). Par là, l'extrême m'identifie, en m'offrant une connaissance de moi.

Le franchissement des limites est l'idée-force de la recherche d'extrême. Par là, ce que les Grecs condamnaient comme relevant de l'*hybris*, la démesure, se voit paré par les Modernes de nouveaux atours. Le dépassement de soi, le progrès illimité, la transgression de la nature sont devenues des valeurs. Les techniques s'améliorent, servant de support. Des effractions inédites se révèlent : celles d'espaces réputés vierges ou dangereux ; celles des mystères du psychisme ; celles du corps.

F

« FUN »

« *Fun* » désigne des sports prétendument « doux », pratiqués sur le mode « soft » et où l'on s'amuse avant tout. La notion réfère à une revendication sociale hédoniste, en rupture avec les apprentissages classiques, « rationnels », dira-t-on, des sports traditionnels.

Dans *Génération glisse. Dans l'eau, l'air, la neige... La révolution des « années fun »*, Alain Loret situe l'origine des sports *fun* dans la contre-culture américaine des années 1960-1970 et montre comment, sports de glisse avant tout (le surf, la planche à voile, le snow-board, le skateboard et leurs dérivés), se pratiquant en milieu naturel ou urbain, ils se voulaient en marge des institutions classiques et des fédérations, hors même de l'esprit de compétition.

> « Le fun se présente comme une morale du plaisir. C'est aussi une stratégie marketing, un look, un vocabulaire, une musique et un ensemble d'attitudes. C'est enfin une esthétique se reconnaissant dans les cinq couleurs primaires du mouvement psychédélique, dans un graphisme underground et des artistes alternatifs. Le fun, c'est le totem des sports de glisse. »

Cette présentation suscite trois remarques. Premièrement, la teneur idéologique de ces sports est incontestable à l'origine, et aujourd'hui encore dans les dérivés des sports californiens.

Elle s'exporte vers les sports de rue ou pratiqués dans les quartiers «difficiles». Elle se mesure à la création de «tribus» d'origine sociale diversifiée, cultivant les mêmes référents langagiers, musicaux, vestimentaires, à forte revendication libertaire. Elle suggère enfin une relation immédiate à la sensation et à la jouissance, relation intéressante si on l'oppose à des apprentissages plus fortement temporalisés et à une conception du plaisir sportif *médié* par la douleur (le «bon effort»). Néanmoins et deuxièmement, le qualificatif «*fun*» est trompeur, car ces pratiques supposent, la plupart du temps, un affrontement pour le moins dynamique, violent, «sportif», aux éléments et une part de risque qui n'exclut nullement un dépassement de soi réel. Troisièmement et pour des raisons commerciales, mais pas seulement, la compétition a rattrapé ces sports (le surf notamment, qui se voulait la figure de proue de l'«anti-sport», comme le snow-board ou le roller). Par là, la notion de «*fun*» est en partie masquante, traduisant davantage une prétention générale au plaisir direct, qu'une catégorie sériée de pratiques elles-mêmes happées par d'autres catégories: sports de glisse, sports de mer ou de montagne, les plus créatifs depuis quarante ans.

Néanmoins, en distinguant «culture sportive digitale» et «culture sportive analogique», Alain Loret réfère à une contradiction culturelle du sport qui n'est pas étrangère aux «contradictions culturelles du capitalisme» mises en évidence par Daniel Bell dans son ouvrage *les Contradictions culturelles du capitalisme* et intéresse, outre la question du sport, celle du corps.

> **«Le monde du sport traditionnel [avance Loret] vit (au sens strict) de classements, de mesures ultraprécises qui permettent de distinguer le premier du second, le record de l'absence de record. Nourri de chiffres, il s'inscrit dans un système culturel de nature numérique, la "culture sportive digitale". Au contraire, les nouvelles formes de sport [...], tout en sensibilité et en subjectivité, fonctionnent selon une logique "floue", dite "analogique". Cette**

distinction [...] est indispensable pour comprendre l'évolution du sport contemporain.»

En réalité, cette distinction, et compte tenu des réserves précédentes, ouvre au débat sur la perception du plaisir lié à l'effort physique et au corps dans la société contemporaine. Cette société individualiste, dite hédoniste et de l'«hyperchoix» (chacun veut jouir ici et maintenant et se choisir comme il lui plaît parmi d'innombrables possibles), est aussi traversée par les traits directeurs du «corps rationnel» (su, voulu, programmé), du corps «sain, beau, jeune et en forme» (impératif d'intégration sociale et professionnelle), comme de l'«effort payant» (relation instrumentale à un corps «capital» sanctionné par un jugement dernier, la «bonne vieillesse»). Ces dimensions traversent la construction sportive de soi et le sport de haut niveau, opposant, et continuant d'opposer, un démenti structurant à la disparition des valeurs. La douleur est présente comme *valeur* dans l'effort sportif, autant que dans la construction du corps, l'immédiateté temporelle est contredite par la programmation de soi, comme par celle de la performance, l'«hyperchoix» s'exténue sur la ligne de force du corps mince et sain.

Autrement dit, le plaisir direct et immédiat que revendiquent les sports *fun* est plus ambivalent qu'il n'y paraît, pas forcément représentatif au sein de la «réalité sportive». La contradiction culturelle de Bell est ici transposable à la compréhension du sport et à celle du corps dans leurs perspectives contemporaines. L'évolution prédite par Loret au milieu des années 1990 n'a pas abouti à la caducité des «sports digitaux» au profit des «sports analogiques» ou «*fun*». Sans doute, entre autres et en arrière-fond, la progression de la société occidentale vers une maîtrise toujours plus grande des technologies et du corps suppose-t-elle que perdurent certains *schèmes* de la rationalité appliqués à l'effort, au plaisir, à la performance et au sport – pour ne pas oublier son ancrage historique dans la mesure chiffrée.

G

GUERRE

Le sport n'est pas la guerre. On le croirait pourtant, parfois, tant la métaphore journalistique est éloquente : « aller au combat », « tuer le point », « rester vivant », « détruire l'adversaire », etc. Hymnes et drapeaux rappellent par ailleurs que la compétition sportive s'arrime souvent à des identifications nationales et à une géopolitique sensible. Elle est – et fut souvent au cours de l'histoire – instrumentalisée à des fins qui excèdent le sport : exaltation de la « race aryenne » aux jeux Olympiques de Berlin en 1936, préfigurant l'élimination des autres « races ; « fabrication » d'athlètes physiquement et mentalement conditionnés par les pays communistes, l'URSS en tête, au temps de la guerre froide ; volonté par la Chine de s'approprier le maximum de médailles d'or (en tout cas, un nombre supérieur à celui réalisé par les États-Unis, le rival économique) aux jeux Olympiques de Pékin en 2008. Épure de la vie sociale et politique, le sport symbolise et image. La question est de savoir ici, bien sûr, comme pour son interprétation politique, s'il n'est que cette épure et cette métaphore (corruptibles) ou s'il nourrit en son sein (de par ses fonctionnements) les attitudes guerrières.

Le lien entre le sport et la guerre est originel. Les *agônes* antiques dérivent des affrontements guerriers, auxquels participaient les *kouroi*, ces jeunes aristocrates. Le sport *figure* la guerre et déplace, en temps de paix ou de trêve, la rivalité compétitive.

Mais le sport sert aussi la guerre, dont il peut apparaître une propédeutique. Ainsi la gymnastique militaire projette-t-elle des corps formés au combat. Elle éprouve l'excellence *(arêtê)* chez Homère ou Platon, elle forge les vertus morales, autant que l'endurcissement physique. Elle signe, à toutes les époques, la mise en ordre corporelle d'une jeunesse nourrie par la patrie et missionnée pour elle. Ainsi les guerres entre les Cités dans la Grèce ancienne, la chevalerie rompue aux joutes et experte à l'épée au Moyen Âge, comme au XIXe siècle, en Allemagne, le *Turnen* nationaliste de Jahn (l'art de faire de la gymnastique à partir de programmes d'éducation publique et d'objectifs politiques), en France, la gymnastique d'Amoros, puis l'École de Joinville. Après la défaite de 1871, la France crée des bataillons scolaires, afin d'amplifier l'embrigadement de la jeunesse et d'envisager le renouveau national. Les moyens mis en œuvre pour développer les gymnastiques et les gymnases sont longtemps empreints d'une perspective militaire (y compris à l'école), et le ministère concerné est celui de la Guerre.

La « sportivisation » du corps guerrier épouse logiquement l'ordonnancement des corps d'armée. Parmi les vertus sportives, on peut citer l'habileté motrice, l'intériorisation des consignes, le dépassement de soi, la collaboration avec autrui. La police des corps et la défense de la patrie se complètent. Pour autant, la corporéité de la guerre n'est évidemment pas réductible à la préparation sportive. La posture combattante dépend des techniques et des stratégies. Mais, de par les inventions instrumentales et les progrès médicaux qu'il suscite, le corps militaire est, comme le corps sportif, un prototype de corps « rationnel ». Avec cette évolution (dont la formule paradoxale contraste avec les faits) vers une guerre « chirurgicale », électronique : frappes aériennes commandées par des images satellites et suggérant une hypothétique virtualisation du corps, « ordinateurs-vêtements » équipés de système de navigation GPS, micros et caméras miniatures, etc. Toutefois, la production du corps militaire reste attachée à la nécessité quotidienne d'un *entretien de soi.* En ce sens, l'exercice physique analytique (cet *alphabet* du corps), l'exhortation à l'effort, le culte de la force et du muscle signent le rapprochement traditionnel entre le sport et la guerre.

Mais c'est, bien entendu, l'autre alternative qui interroge. Le sport produit-il de l'affrontement, de l'agressivité, du conflit, de la violence? Ou bien expurge-t-il la société des maux qui la menacent? Schématise-t-il les rapports de force, au point de les justifier, de les cultiver, ou bien emprunte-t-il aux contextes socio-historiques ce qui les symbolise? Le sport est parfois accusé d'être le lieu de la violence, du racisme. Pourtant Norbert Elias signale son rôle cathartique dans l'histoire, son compagnonnage avec une civilisation progressive des mœurs et de la politique. Ainsi le parlementarisme anglais prépara-t-il le terrain aux règles sportives modernes. La notion de *contrat social* voisine avec le sport. Force est de constater, toutefois, qu'il n'a jamais empêché la guerre et que le «siècle du sport», le XXe, est le plus meurtrier de l'histoire. Aussi la prudence s'impose-t-elle quant aux prétendus rôles du sport, euphémisation ou stimulation de la violence. Si le sport n'a de sens que hors du sport, ce que nous défendons, alors sans doute figure-t-il la guerre plus qu'il n'en est l'essence. Si la guerre est *jouée* dans le sport, c'est qu'à la mise en scène cathartique s'ajoutent d'autres symboles: expression de la violence «en col blanc», de la guerre économique, mais aussi «effacement de la mort» dans les sociétés occidentales, refus des pertes humaines liées aux «vraies» guerres.

Le sport n'est pas la guerre, mais la guerre se métaphorise dans le sport. La «trêve sportive» charrie ses illusions, compromissions, reniements aussi. Instrumentalisé, le sport l'est toujours, y compris et peut-être surtout lorsqu'il se drape dans sa neutralité politique. Reste l'éducation. L'agressivité compétitive ouvre à des ambivalences: il faut vaincre, par la force, l'habileté, la technique. Il n'y a qu'un vainqueur. Il faut user de la sémantique du combat pour se dépasser soi-même et les autres et expérimenter l'extrême, le risque, l'effraction de ses propres limites. Les enjeux économiques qui entourent certains sports aiguisent les appétits en définissant des «carrières», en créant des fortunes, en faisant du sport de haut niveau une voie possible contre la pauvreté et l'oppression. L'exploitation de l'humain rôde. La victoire devient affaire de «vie ou de mort», excédant le champ symbolique. Il importe alors de distinguer sport de haut niveau et sport de masse, mais surtout de circonscrire les règles du jeu. Telle est la tâche (inlassable) du pédagogue, investissant le sport de valeurs éducatives et *pacifistes*: apprendre à vaincre autrui sans le détruire, à se dépasser sans se perdre, à combattre, à rivaliser, sans humilier ni exclure. En un mot, qui détonne parfois avec le spectacle sportif et tranche à coup sûr avec la guerre, *à jouer.*

GYMNASE

Lieu sportif par excellence de l'Antiquité grecque, le gymnase est, par extension, le symbole de la *grécité* partout dans l'Empire. Selon Wolgang Decker et Jean-Paul Thuillier, dans *le Sport et l'Antiquité:* «Il vise idéalement à fabriquer, en dehors de toute appartenance ethnique, des “Grecs de culture”, cosmopolites.» Son nom vient de *gymnos* («nu»), contribuant au mythe d'un sport grec pratiqué entièrement nu, quand le sport romain se voudra plus pudique, jetant le discrédit (en partie pour cette raison) sur les fameux gymnases grecs. D'abord consacré à l'entraînement pour les disciplines de course et de lancer (ses colonnades entourent une piste des proportions d'un stade), il prend ensuite en charge l'éducation des jeunes. Le gymnase est ainsi peu à peu devenu un centre intellectuel fréquenté par l'élite de la cité. Les philosophes y prodiguent leurs leçons, alliant le développement harmonieux de l'âme et du corps, comme le fait d'être «bel et bon» *(kalokagathia)*, concept en soi et représentation de l'homme. C'est au gymnase que Socrate s'entretient avec Lysis.

Gymnase fait ainsi partie de notre apparentement sémantique à un sport antique pourtant bien différent du nôtre et participe de la permanence de mythes et d'idéaux traversant l'histoire de la pédagogie ou de l'esthétique – « un esprit sain dans un corps sain », par exemple.

GYMNASTIQUE(S)

L'expression « faire de la gymnastique » est presque désuète aujourd'hui, tant la plupart des pratiques qu'elle désigne sont absorbées sémantiquement par le sport : exercices physiques d'entretien ou de « maintien », « fitness », « aérobic », « gym aquatique », etc. Les « salles » ou « clubs de gym » sont le plus souvent des « centres de remise en forme » ou des « salles de musculation » qu'ordonne un leitmotiv : *faire du sport*. À moins qu'on ne pratique une discipline comme la « gymnastique artistique », la « gymnastique rythmique et sportive » (GRS), le trampoline ou l'« acrosport » : mais, pour le coup, débouchant sur des compétitions, ces disciplines sont bien, au sens moderne, des sports. Ainsi, alors que prédomine l'injonction médicale, autant que l'omniprésence médiatique du sport de haut niveau, « faire de l'exercice » s'apparente à « faire du sport ». Porteur d'histoire, ce transfert sémantique masque les spécificités de la gymnastique, comme de l'éducation physique.

Si les gymnastiques ont marqué le XIXe siècle et encore le début du XXe en matière d'exercices corporels ordonnés et systématisés, néanmoins, la prévalence de leurs contenus a cessé dans la deuxième partie du siècle. Les « profs de gym » ont prolongé, par cette appellation (et alors même que l'EPS s'institutionnalisait), l'influence de la gymnastique suédoise. Le « pas de gymnastique » ne réfère plus que très lointainement aux anciens ancrages militaires. Force est de constater, dès lors, outre la discipline sportive, le recul de la gymnastique dans l'imaginaire social. Demeure toutefois la valeur fondatrice des problématiques qui furent d'abord celles de l'Antiquité et initièrent la culture du corps occidentale, autant que les réflexions sur la rationalisation du corps qui marquèrent la modernité. Gymnastiques antiques et gymnastiques modernes, si différentes, s'orchestrent autour de la question des finalités : ce que l'on enseigne et exerce du corps, auprès de qui et à quelles fins.

Gymnastiques antiques

Sans doute les gymnastiques de l'Antiquité n'en sont-elles pas, au sens moderne, de même que le sport apparu au XIXe siècle ne se relie-t-il qu'imparfaitement au sport antique. Elles n'exposent pas de méthodes, tout au plus des répertoires d'exercices où les finalités médicales sont souvent dominantes. À la différence de ce qui se développera dans la modernité, la finalité des gymnastiques antiques est toujours extérieure au souci du corps pour lui-même, voire de l'individu. Elles se subsument soit sous des finalités métaphysiques (une certaine conception du rapport âme/corps), soit sous des finalités sociales (la formation du guerrier, du citoyen), soit encore sous des finalités culturelles les incluant dans une représentation très générale de l'homme, de ses loisirs ou de ses jeux. Par là, leurs exercices sont empruntés à la vie courante (porter, marcher, cultiver, etc.) ou encore aux sports athlétiques en vigueur ou aux jeux traditionnels.

Toutefois, de même que le gymnase, les gymnastiques intéressent par cette origine. Elles figurent en bonne place d'une culture du corps qui inaugure trois finalités pérennes : militaire, médicale, pédagogique. Ainsi la gymnastique des *kouroi* a-t-elle, chez Homère, une finalité militaire, et toute éducation se subordonne au sacrifice pour la patrie. La force physique allant de pair avec la grandeur morale, le contexte guerrier révèle l'individu dans sa totalité. Chez Platon, danse guerrière, lutte, tir à l'arc, escrime, maniement d'armes légères, manœuvres tactiques, marches militaires, constituent l'entraînement des gardiens. Et, même si

Platon, Hippocrate ou Galien portèrent le doute sur l'équivalence entre guerriers et athlètes (ces derniers plus fragiles), la gymnastique militaire se combine aux finalités athlétiques – ainsi les Spartiates brillèrent-ils aux jeux Olympiques.

Pendant de cette première gymnastique (et parfois son contradicteur), la gymnastique *médicale* s'incarne dans l'œuvre d'Hippocrate et de Galien. Elle résonne d'une métaphysique du rapport de l'homme avec la nature et s'accorde avec la notion aristotélicienne de « juste milieu ». Partant, elle inclut des considérations sur le *régime*, une théorie des *humeurs*, un inventaire de tous les mouvements du corps humain, qui distingue exercices naturels (vue, ouïe, parole, pensée) et exercice forcés, eux-mêmes dissociables entre pratiques gymnastiques classiques (course, lutte) et simple effort physique (promenade). Aussi, et même si Galien introduit une théorie des solides (les muscles), cette gymnastique médicale, par ses visées holistes, excède-t-elle le répertoire d'exercices spécifique et systématique qui définira par la suite les gymnastiques.

La gymnastique *pédagogique*, bien que ne concurrençant jamais l'aura de la gymnastique militaire, s'inclut logiquement dans l'éducation grecque, la *paideia*. Platon insiste, dans la *République* et le *Timée*, sur l'éducation gymnastique des enfants et des gardiens, accordant une importance particulière au jeu. Du point de vue social, elle prépare le citoyen à son intégration dans la cité ; du point de vue militaire, elle prépare le gardien à la défense de cette cité ; du point de vue pédagogique, elle permet à l'enfant de se développer harmonieusement et s'intègre dans un cursus qui joint sciences et arts. Mais, au fond, c'est le point de vue métaphysique qui prévaut. La gymnastique, lien de l'âme et du corps, matérialise la correspondance entre beauté et bonté *(kalokagathia)*. L'ascension de l'âme est conditionnée par un bon entretien du corps.

Cela suscite deux remarques. D'abord, cet abandon des finalités métaphysiques marque la distinction entre l'antique et le moderne, quant aux pratiques physiques, gymnastiques, ou au sport. Ce qui n'empêche pas, bien au contraire, la question des finalités de revenir sur la scène au XVIIIe siècle, portée par des enjeux pédagogiques et politiques, de même qu'aux XIXe et XXe lors de la scission entre éducation physique et sport. Deuxièmement, et à rebours, les «missions» affectées aujourd'hui au «sport à l'école» (lutte contre l'obésité, contre la violence, respect de l'environnement et d'autrui, etc.), comme le «culte du corps» qui interroge notre société sur son matérialisme d'apparence, réintroduisent la question de l'«individu global» dans les pratiques physiques. Voici la santé, la beauté, la jeunesse éternelle, la «forme», la performance, leitmotivs débordant du champ pédagogique ou sportif.

Gymnastiques modernes

Au XIXe siècle, les gymnastiques héritent de l'élan théorique du siècle précédent : l'influence rousseauiste réactualise la prise en compte du corps et le rapport à la nature. Sur fond de rationalisation de la force humaine et d'envolées nationalistes en Europe, elles se codifient. L'éducation physique, comme prise en charge globale de l'individu (hygiène, apprentissages, «rectitude» du corps, etc.), inclut désormais des gymnastiques comme *méthodes*, répertoires d'exercices comprenant ou non engins et agrès, en plein air ou non. Elles visent la systématicité, le calcul étalonné des progrès, une analytique du corps. Elles ont souvent des visées moralistes et patriotiques, fondées sur une ambition militaire, médicale et/ou pédagogique, c'est-à-dire utilitaire. C'est le cas de la gymnastique *suédoise*, par exemple, dont le but est selon Per Henrik Ling d'«enseigner à l'homme à placer son corps sous sa volonté». L'hygiène apparaît ainsi comme la forme moderne du civisme.

En Allemagne, le *Turnen* nationaliste de Jahn, aux relents fascistes (avec hymnes, exhortations, insignes), préfigure l'idéologie du IIIe Reich et l'exaltation du corps athlétique qui culminera aux JO de Berlin. En France, la gymnastique du colonel Amoros, avec sa diffusion des exercices aux agrès, ancre l'inspiration militaire et assure le succès des gymnases. Après la défaite de 1871, la volonté de «régénérer» la jeunesse française accompagne la création de l'École militaire de Joinville et de l'Union des sociétés de gymnastique de France (USGF). Le souci de scientificité s'affirme, corrélé aux inventions de chaque époque: machines graphiques, thermodynamique, etc. La gymnastique s'inscrit dans le champ social et varie ses finalités: santé, beauté, force, spectacle. Ainsi l'ordinaire de l'entretien de soi côtoie-t-il l'extraordinaire de la prouesse athlétique.

Au tournant du siècle, le terme gymnastique se confond à nouveau, dans les travaux de Georges Demenÿ, puis dans ceux de Georges Hébert, avec celui d'éducation physique. Les deux expressions se sont rapprochées, jusqu'à une même compréhension et extension. Les gymnases urbains et scolaires se complètent désormais du «plein air» (cures de soleil et de bains de mer), ainsi que des stades, théâtres du sport. Toutefois, dans la concurrence que se livrent les méthodes, les gymnastiques pâtissent de leur austérité en regard du jeu sportif. Aussi, au XXe siècle, l'éducation physique s'efforce-t-elle de s'affirmer dans son souci de préserver le développement global et équilibré de l'individu, tandis que le sport spécialise ses athlètes et ne prend en compte que la performance. Un conflit s'enracine, portant sur les finalités éducatives, tandis que le succès du sport va croissant.

Que dire de «la» gymnastique aujourd'hui? Au sens courant, elle est un sport, dont la médiatisation est essentiellement liée à l'olympisme et qui, lorsque pratiqué en milieu scolaire ou en club, est synonyme de rigueur et de discipline, de précocité aussi, si l'on veut envisager cet aspect prospectif des dangers du sport de haut niveau. Au sens large, la gymnastique évoque l'exercice corporel réfléchi et minutieux, aux antipodes de sports plus récents, sports de glisse ou pratiques «sauvages», à la recherche d'un plaisir «immédiat» et d'apprentissage plus spontané. C'est en ce dernier point, peut-être, que son évolution reflète un trait du social. Dans une société souvent dite «hédoniste» (et même si ce qualificatif mérite questionnement), la gymnastique contraste par ses gestuelles apprises dans la durée, la douleur, la difficulté, selon un ordre des raisons du corps auquel on ne peut deroger. Par là, un certain constructivisme du corps s'oppose aux revendications de plaisir immédiat.

H

HANDICAP

Le sport handicapé ou « handisport » a pour principale visibilité médiatique les jeux Paralympiques (combinaison de « paraplégique » et d'« olympique »), qui se déroulent la même année mais après les jeux Olympiques. Mais il existe aussi un handisport de fédérations régionales et nationales, un handisport « amateur », de même que des compétitions dédiées plus spécifiquement aux sourds et malentendants, les *Deaflympics* (« jeux Olympiques des sourds »), ainsi qu'aux déficients intellectuels, les « jeux Olympiques spéciaux ».

Les épreuves des jeux Paralympiques se répartissent par grandes catégories de handicap physique ou visuel : amputés, aveugles, infirmes moteurs, cérébraux ou en fauteuil roulant, ou tout autre handicap physique. Cette classification est elle-même détaillée en sous-catégories qui, par exemple en athlétisme, spécifient le type d'amputation : d'un membre supérieur ou d'un membre inférieur ou de plusieurs membres supérieurs ou inférieurs, située au-dessus ou au-dessous de l'articulation, etc.

Ces compétitions offrent une visibilité aux sportifs handicapés et au handicap en général, souvent occulté dans nos sociétés, interrogeant par là le regard sur le handicap, l'égalité des chances et, dans ce cas particulier, l'égalité de traitement et de médiatisation. À ce titre, on doit reconnaître aux JO de Pékin – la société chinoise ne passant pas pourtant pour être la plus compatissante pour ses handicapés et sans se leurrer sur l'enjeu géopolitique et économique, là encore – la réussite de jeux Paralympiques ayant révélé de réels et talentueux athlètes.

Néanmoins, la question philosophique que pose aujourd'hui le handisport (au-delà du problème de la discrimination) est celle des rapports nouveaux du corps humain avec la prothèse, et en particulier de la création d'*exosquelettes*. Le cas d'Oscar Pistorius, athlète handicapé «T 44» (amputation des deux jambes en dessous des deux genoux) et sollicitant sa qualification aux JO parmi les valides, a accentué l'urgence d'une réflexion sur l'*artifice* dans le sport, les avantages qu'on peut en tirer et la classification de ces avantages dans la catégorie du *dopage* ou non.

La prothèse, ou l'exosquelette, sera-t-elle un jour ce qui fait progresser les performances? Celles-ci sont-elles vouées dans le sport à être accomplies désormais par la fusion du corps avec la technique (matériaux, combinaisons, voire nanotechnologies) s'il s'avérait que les capacités biologiques de l'homme étaient parvenues à leurs «limites»? Le sport ne doit-il pas se redéfinir? N'est-il pas le terrain d'expérimentation (avec la médecine et l'armée) de nouvelles manières d'envisager le corps, si ce n'est la «nature humaine»?

Le sport handicapé est appelé à susciter pour ces raisons un intérêt grandissant. Des coureurs, skieurs, cyclistes, alpinistes, parachutistes, triathlètes préparent des performances qui ne cessent de se rapprocher de celles des valides. Lorsqu'elles les dépasseront, il faudra repenser les catégories sportives et la question du dopage. Penser aussi l'avenir de l'humain, à la lumière de cette hypothèse futuriste: que le corps «handicapé» de demain pourrait être celui auquel manquerait justement l'ajout de l'artifice technique, c'est-à-dire l'*hybridité* avec la technique.

HISTOIRE

Il y a trois manières principales d'écrire l'histoire du sport: l'histoire des idées, celle des pratiques corporelles et celle des records ou l'histoire événementielle.

L'histoire des idées recense les représentations philosophique, scientifique et médicale de l'homme selon leur influence sur la prise en compte du corps et les manières de l'exercer. Ainsi peut-on démontrer que les représentations antiques et modernes se confrontent, dans leurs conceptions de l'univers (infini ou pas), de la nature (pourvoyeuse d'ordre ou transformable par la technique), de la santé (restauration ou modification de l'humain), engageant des représentations de l'homme, de la liberté, du corps et de la technique, sensiblement distinctes. C'est par cette évolution qu'apparaît notamment le dépassement de soi comme valeur moderne, de même que le sport de haut niveau comme laboratoire expérimental de l'amélioration de l'humain.

L'histoire des pratiques corporelles s'intéresse aux considérations hygiéniques, pédagogiques, politiques ou liées au travail, définissant les *normes* corporelles. La sémantique distingue ici entre les gymnastiques et l'athlétisme antiques, les jeux du Moyen Âge et de l'époque classique, l'éducation physique des Lumières, les gymnastiques et le sport naissant au XIXe siècle, le sport de haut niveau, invention de la deuxième moitié du XXe siècle. Les contextes éclairent des priorités (force physique, prestance, beauté, santé, rectitude du corps, performance sportive), des questionnements (rôle dans la cité, hiérarchie sociale, démocratisation des mœurs et des corps), des finalités (excellence, perfectibilité de l'homme, ascension sociale, etc.). Des *pouvoirs* s'inscrivent sur le corps, que reflètent, ou dont se dégagent, les exercices et les jeux.

L'histoire des records, enfin, propose une chronologie dont l'origine ne peut remonter bien au-delà de la deuxième partie du XVIIIe siècle, où l'on commence à enregistrer les performances exceptionnelles, à l'époque des paris et des prix. Ainsi, par exemple, en 1740, Thomas Carlisle établit-il le premier record de l'heure, couvrant 17,300 km en soixante minutes. Un siècle plus tard, quand se répand l'usage du chronomètre, s'affirme ce trait spécifique du sport moderne : le calcul, l'étalonnage et l'archivage des performances, évoquant jusqu'à aujourd'hui un progressisme archétypal. Aussi est-il possible d'égrener, sur cent cinquante ans de compétitions, et figurant l'idée de progrès, la liste des records et des vainqueurs. Le commentaire sportif, toujours tautologique, accompagne cette histoire.

L'histoire des idées et l'histoire des pratiques corporelles proposent une histoire causale que récuse parfois l'histoire événementielle. Seul compte l'archivage des actes maximaux et non pas nécessairement ce qui les produit. Comment advient la performance ? De quels contextes hérite-t-elle ? Que figure politiquement le sport ? Discriminations sociales ou raciales, progressisme aveugle à ses fins, dopage, aujourd'hui précocité des enfants exploitée dans une concurrence mondialisée émaillent ainsi « les » histoires du sport. Mais se pose aussi tout simplement la question de la pertinence d'une continuité historique. Il se peut, en effet, que l'historicité de l'objet sport soit, en réalité, ponctuée de ruptures telles que le doute porte sur la permanence et l'identité de l'objet. Tel est le sens du débat sur l'appellation « sport ».

Ainsi, partisan d'une protohistoire mythique, Bernard Jeu considère, par exemple, que le sport est un langage universel, traversant les jeux et les conduites sociales depuis l'Antiquité jusqu'à nous, via le Moyen Âge. « Grammaire symbolique », le sport illustrerait « de tout temps » les grands thèmes sociaux : vie, mort, sacré, rivalité, mariage, etc. À l'opposé de cette conception, Norbert Elias spécifie le sport comme « sport moderne », phénomène du XIXe siècle, en lien avec la « civilisation des mœurs ». Rien de commun, selon lui, entre la brutalité des jeux antiques et leur signification religieuse, et l'institutionnalisation de compétitions advenues en même temps que la bourgeoisie industrielle européenne et ses codifications sociales. Les « sports anglais » sont des activités profanes qui euphémisent la violence et structurent un nouvel espace-temps du loisir.

Une troisième lecture fait apparaître, chez Jean-Paul Thuillier, dans son travail sur l'Antiquité romaine, une possible préfiguration chez les Romains d'un sport-spectacle très comparable au nôtre : foule passionnée et nombreuse, paris rémunérateurs, athlètes starisés, une certaine forme de démesure. Il faut, selon l'auteur, resituer ce débat sur l'existence d'un « sport antique » à la lumière de la prééminence toujours accordée par les commentateurs, Coubertin le premier, au « sport grec ». Au « sport grec », la métaphysique, les idéaux, le sacré, l'esthétique. Au « sport romain », le dévoiement des idéaux grecs, le mercantilisme et la violence des jeux du cirque. En réalité, il y a eu continuité des jeux grecs aux jeux romains, spécificité du sport-spectacle romain mise à part, et donc une parenté historique possible entre sport antique et sport moderne.

Comme on le voit, l'histoire en/du sport a donc une fonction définitionnelle de son objet. Écrire l'histoire du sport nécessite toujours de préciser de quel sport il s'agit, tant cette historicité se complique jusqu'à la rupture. Cet objet multiple, polysémique, trouve une permanence fragile et contestée dans le croisement des perspectives. L'histoire des idées révèle l'emprise de la rationalité occidentale sur le corps. Celle des pratiques corporelles éclaire les « normes » et les finalités du modelage corporel. Et celle des records témoigne d'un archivage comptable, orienté vers la perfectibilité. Mais, en réalité, le sport n'a d'intérêt que par l'étude des interactions avec la société qu'il figure. S'il est en prise avec une histoire qui le transcende et lui donne sens, il annonce aussi des questionnements à venir par ses pratiques techniques expérimentales.

I

IDENTIFICATION

Le sport repose sur des scénarios qui favorisent l'identification du public. Telle est une part importante de son succès. Cette identification est paradoxale : elle traduit de très forts sentiments d'appartenance, qui confinent parfois au nationalisme, avec des conséquences désastreuses sur la cohabitation des supporteurs ; elle manifeste également une étonnante capacité à l'interchangeabilité des supports. Ainsi le champion adulé est-il *le plus proche*, soit par ses origines sociale ou géographique, soit par ses comportements, sa langue ou même son physique. Mais il est aussi *plus lointain* lorsque le favori est éliminé et qu'il s'agit de reporter sur un autre, sur l'équipe d'un village ou d'un pays voisin, sur une communauté ethnique, linguistique ou religieuse, la ferveur initiale. La multiplicité des sports, la diversité des champions, l'universalité des compétitions et leur périodicité offrent ainsi au spectateur une palette quasi indéfinie d'identifications possibles, de champions « signifiants ».

« L'identification sportive est à la fois expression de l'être-ensemble communautaire, du besoin qu'ont les sociétés de toutes tailles de trouver des occasions de manifester leur existence collective et de la donner à voir, de la rendre visible, et une domestication de ce sentiment, la mise en conformité sociale des manifestations de ce besoin » (in *Huit leçons sur le sport*, de Paul Yonnet).

Par sa variété de champions populaires ou, au contraire, inaccessibles, au travers des «légendes» qui se créent, largement entretenues par les médias et les sponsors, de par les mécanismes mêmes de l'affrontement, de la victoire et de la défaite (vie et mort), le sport engendre son récit, avec ses héros, ses bons ou mauvais perdants, ses traîtres, ses icônes de l'ascension sociale, ses nantis et ses prolétaires. L'imagerie sportive est sans limite. Elle favorise l'appropriation par le public d'une idole devenue modèle, ami, voisin. Elle attise les passions, bonnes ou mauvaises, parfois la violence, la xénophobie, les réflexes groupaux les plus primaires. Cette projection identitaire est indissociable du succès planétaire du sport, charriant, sur l'épure de fonctionnement politique et social qu'est le sport, des attentes qui empruntent, parfois à défaut d'autres espoirs, les canaux du divertissement sportif.

INCERTITUDE

Le sport jouit du principe d'incertitude. Autre composante de son succès avec l'identification suscitée chez les spectateurs, l'incertitude est méticuleusement agencée par l'organisation des compétitions entre «égaux». Poules, divisions, catégories, classements, têtes de série, visent à ce qu'une égalité supposée entre les concurrents assure le suspense, c'est-à-dire une part importante du spectacle. Rien d'exaltant dans le résultat connu d'avance ou la disparité trop marquée entre les performances. Ce qu'attendent les spectateurs, et donc, par définition, les médias et les sponsors, c'est une lutte célébrant la «glorieuse incertitude du sport».

C'est exactement à l'inverse que tendent les champions sportifs, qui s'évertuent, tout au long de leurs années d'entraînement, à réduire au seuil minimal les impondérables liés au corps, au psychisme, au matériel, aux adversaires, etc. La recherche de performance est une mécanique de haute précision qui vise l'automaticité des gestes, la routine, l'habitude, confortant le sportif dans la « confiance » et l'assurant, autant que faire se peut, que les conditions de la compétition ou la « pression » ne viendront pas enrayer ce savant calcul des risques. Ce n'est donc pas le moindre des paradoxes que de constater que, dans la plupart des cas, acteurs et spectateurs espèrent, dans le spectacle sportif (la « compétition » pour les champions) des fins radicalement opposées.

INSTITUTIONS

Les institutions sportives sont la marque de fabrique du sport moderne. Institutions scolaires, associations, clubs, fédérations, comités internationaux, nationaux et locaux, instances juridiques et médicales, le sport est encadré, depuis la fin du XIXe siècle, par une prolifique activité institutionnelle et réglementaire. Ces structures avaient pour but, à l'origine, de promouvoir le développement du sport et d'assurer par le moyen des jeux et gymnastiques l'éducation de la jeunesse. Elles furent aussi des instances de contrôle, d'organisation des loisirs de type bourgeois, de canalisation des énergies d'une jeunesse supposée mieux occupée au sport qu'ailleurs. Elles servirent, de par leur structure, divers régimes politiques, dont les totalitarismes du XXe siècle.

Aujourd'hui, ces instances ont un arrière-fond politique lorsqu'il s'agit de gérer des flux financiers, colossaux dans certains sports, de désigner des villes d'accueil pour les grandes compétitions internationales et de composer, à cette occasion, avec les complexités géopolitiques du monde. L'attribution des jeux Olympiques à la ville de Pékin pour l'année 2008 illustre la signification politique que revêt l'institution sportive, y compris quand elle s'en défend et revendique un sport et des sportifs apolitiques.

Un rôle paradoxal, à l'échelle internationale

D'une part, l'institution vise au développement du sport et à son internationalisation, ce qui suppose une implantation et des intérêts perméables aux considérations politiques et économiques. D'autre part, elle s'efforce de maintenir autour du sport une sorte de cordon moral, entretenant l'illusion d'une contre-société vertueuse. Cette position génère des porte-à-faux, des opacités. Concernant les JO de 2008, le Comité international olympique devait-il les attribuer à Pékin, sachant la situation des droits de l'homme en Chine et le rôle de la Chine au Darfour ? Une fois attribués, ceux-ci devaient-ils faire l'objet d'un boycott suite aux événements du Tibet ? Ce boycott devait-il être celui des sportifs ou seulement celui des dirigeants politiques ? Pourquoi n'avoir jamais évoqué un boycott de l'économie chinoise ?

Le double discours du président du CIO, Jacques Rogge, concernant la Chine, illustre bien l'ambiguïté de la situation : promettant d'agir au moindre faux pas concernant les droits de l'homme avant son élection, il demeure impuissant après face à la question du boycott et se retranche dans l'évocation d'un sport apolitique. En réalité, parce que chacun sait que boycotter l'économie chinoise est impossible (les États-Unis les premiers), la question a été transférée sur un possible boycott sportif. Les sportifs doivent-ils assumer ce que les politiques ou les grandes entreprises n'envisagent pas de faire et sacrifier leur carrière à peu de frais pour ces derniers ? La prétendue neutralité du sport, dont on ressort à l'occasion les idéaux, sert ici de prétexte à une incapacité à agir, à décider et à clarifier le statut et les pouvoirs de la plus grande institution sportive internationale. L'idée que la présence des JO en Chine puisse aider à la démocratie ne permet pas de trancher, bien au contraire.

Le statut de la lutte anti-dopage n'est pas plus assuré. Bien qu'adossée à des lois, sanctionnant des délits relevant du pénal, elle peine en réalité à trouver sa crédibilité : *dans le sport*, par son impuissance à détecter certaines formes de dopage et à confondre les tricheurs, et parce qu'elle est en butte à des rivalités entre fédérations, instances médicales, organisateurs de compétitions, CIO, etc. ; *hors du sport*, parce que les sanctions, lorsqu'il y en a, sont essentiellement sportives et apparaissent comme les sanctions d'un jeu. La lutte anti-dopage figure le rôle paradoxal de l'institution sportive. Son existence est politique *de fait* et à ce titre excède très largement le champ du sport. Son fonctionnement, interne au sport et souvent cloisonné, empêche de comprendre les maux de la société qui affectent le sport (ou, concernant le dopage, les enjeux médicaux en présence), ce dernier n'étant pas étanche à ses environnements. D'un côté, donc, une institution sportive prise dans un maelström d'interactions sociopolitiques transportives, transdisciplinaires et transnationales. De l'autre, des fonctionnements institutionnels sans réels pouvoirs et sans capacité à comprendre les significations du sport hors du sport.

Les garantes des « valeurs du sport »

Quelles sont ces valeurs ? Celles héritées des origines : pédagogie, santé, sens moral, civisme, *fair-play*, esprit d'initiative, combativité, solidarité, etc. Sur fond de ces valeurs, les institutions tentent de proposer à la jeunesse une éducation par le sport. Toutefois, force est de constater que ces valeurs fuient progressivement un sport de haut niveau, de plus en plus autonome dans ses fonctionnements et inféodé au marché. Certes, le sport de haut niveau n'est pas le sport de masse, ni l'EPS à l'école, mais sa visibilité extrême dans notre société, exclusive de toute autre forme de sport, rend sensibles ses manifestations. Sa capacité à exacerber les problèmes (le dopage, l'argent, la violence, le racisme) en fait un laboratoire expérimental qui pose un défi aux institutions. Savent-elles le relever ? Concernant le dopage, l'enjeu philosophique et médical d'une transformation de l'humain est peu considéré. Concernant les flux financiers et les intérêts générés par le sport, *dans* et *hors* du sport, il semble que l'attractivité économique déborde toute considération morale. Concernant la violence et le racisme, qui sont des problèmes de même nature et des intrusions de la vie sociale dans le sport, les institutions échouent à prendre des décisions réellement significatives et efficaces.

Là où les institutions devraient préserver le sport (ou du moins un sport idéal) de ce qui le détruit (l'argent) ou le dénature (la collusion avec les intérêts politiques ou financiers), elles n'y parviennent pas et laissent le sport *s'offrir en spectacle;* là où il faudrait, au contraire, ouvrir urgemment le sport aux questions philosophiques et scientifiques qui le débordent (dans le cas du dopage) ou le confronter aux problèmes de société (la violence, le racisme), elles referment frileusement sur elles le couvercle de la vertu. Par là s'exprime le statut complexe du sport, monde qui se voudrait autonome, mais qui ne l'est pas, garant de valeurs universelles, mais sans assumer sa fonction politique, laboratoire de la performance humaine, mais sans en percevoir les enjeux.

J

JEU(X)

La difficulté à saisir l'unicité historique et pratique du sport pourrait laisser sceptique quant à son assimilation à un jeu. Après tout, bien des exercices gymnastiques militaires de l'Antiquité sont directement reliés à la guerre, les gymnastiques de l'Antiquité sont elles-mêmes assez éloignées de ce que l'on entend aujourd'hui par sport, et les compétitions grecques et romaines ne correspondent que très imparfaitement à l'idée que nous nous faisons du jeu sportif. Autant dire qu'à la difficulté habituelle à dénommer « sport » une continuité de pratiques qui remonteraient à l'Antiquité (ce qui en soi fait débat) s'ajoute celle de repérer dans ces pratiques mêmes un corpus homogène, une unité d'intention, une cohérence sémantique. D'autant que, si nous effectuons un saut dans le temps jusqu'à aujourd'hui et avec les mêmes préalables, le souci définitionnel n'en est pas simplifié.

Faire du sport, est-ce « jouer » ?

Au cœur du sport actuel, certaines pratiques compétitives sont des jeux au sens strict (tennis, rugby) et d'autres n'en sont pas (athlétisme, natation), tandis que, outre la réduction du sport à la « compétition sportive », moult pratiques « sportives » ne sont pas des jeux : parachutisme, plongée en apnée, escalade, etc. Sans compter, enfin, le vaste champ de l'« exercice physique », que l'injonction médicale recommande sous la préconisation

«Faites du sport», et qui comporte des activités comme la marche à pied ou le VTT…

L'évidence première se dérobe. Le sport n'est un jeu qu'à certaines conditions. Comme souvent, la référence historique se complète de l'observation des pratiques et des finalités pour éclairer ce qui est à proprement parler sport et ce qui, partant, fait du sport un jeu. Pourtant, une fois n'est pas coutume, c'est l'œil rétrospectif de l'attention portée à la modernité qui aide ici à comprendre la spécificité du sport comme jeu et à classer ensuite les pratiques plus anciennes. Pourquoi ce parti pris? Parce que, au fond, le sport que nous connaissons découle de ce que le XIXe siècle en a fait, de la manière dont il a organisé les institutions, contractualisé les compétitions, délimité les espaces et les temps. Le sport moderne est d'abord un projet pédagogique, que concrétise Thomas Arnold lorsqu'il prend la direction du collège de Rugby en 1828. Sous la forme du «football-rugby», puis du «football», le jeu sportif est alors paré de vertus morales: développer le *self-government,* le respect d'autrui, la solidarité, l'émulation, le dépassement de soi. Son succès ne tarde pas qui multiplie les sports et les exporte hors de l'Angleterre, séduit des observateurs tels que Coubertin ou Hippolyte Taine, et finalement consacre la compétition sportive comme mode de loisir privilégié, outil pédagogique et bientôt spectacle universel au XXe siècle.

Jeux antiques et jeux d'Ancien Régime

Ces conditions éclairent par leurs différences (et par quelques ressemblances) les pratiques anciennes, notamment celles de l'Antiquité, puis, en France, celles de l'Ancien Régime. Autant dire, d'un point de vue méthodologique ici (et comme souvent dans l'étude historique des concepts), que c'est la connaissance de l'actuel qui permet de sérier le passé et de recomposer, comme par l'effet d'une loupe, ce qui «avant» s'apparente à «aujourd'hui». Pour être plus précis, les conditions sociales, politiques, juridiques, les représentations du « sujet » et de l'espace-temps, comme les possibilités techniques qui nous amènent à nommer « sport » un certain nombre de pratiques ludiques et compétitives, sont radicalement différentes de celles de l'Antiquité. Il est donc peu probable que les Anciens aient entendu par « sport » la même chose que nous. En conséquence, ce que nous cherchons comme une antériorité aux sports modernes dans les jeux et l'athlétisme antiques l'est au travers d'un prisme qui influe, si ce n'est *construit* son objet. Même chose pour les jeux du Moyen Âge, qui sont des pratiques non structurées ni périodisées. Encore à l'Âge classique, sous Louis XIV, par exemple, quand on évoque la paume, il s'agit de quelque chose d'assez éloigné de ce qu'est le tennis aujourd'hui. Cela montre, au passage, que le sport, au-delà des pratiques, est une *réalité théorique*.

Cela posé, il est évidemment possible (et c'est l'objet des « histoires du sport ») de trouver des similitudes entre jeux anciens et jeux modernes. Les Grecs pratiquent l'athlétisme, plusieurs formes de lutte (d'une grande violence) et les courses hippiques, dont ils font de célèbres *agônes*. Les Romains ajoutent à ces fondamentaux la natation et divers jeux de ballon dont la popularité est attestée. Au point d'évoquer une « folie du sport ». Même enthousiasme, dans un tout autre contexte, au Moyen Âge, alors que disparaissent les spectacles athlétiques et la gymnastique éducative. Même violence aussi, dans un autre cadre. Sans délimitation d'espace, ni de temps, certains jeux comme la soule ou le *hurling* dégénèrent en batailles rangées qui durent plusieurs jours. Ces jeux les plus prisés auxquels on cherche une postérité dans nos tennis, rugby, golf, traduisent en fait une « culture des communautés », une scission franche entre classes sociales, générations, sexes. Ainsi joutes et tournois, quintaine, paume, mail, quilles, patinage, soule se révèlent-ils « jeux de paris » et « jeux de prix », traversés par des « sociabilités prédéterminées », des impératifs de bienséance, une reproduction de la hiérarchie sociale. Plus rien de tel à l'aube du sport moderne, porté par un imaginaire démocratique, une neutralité contractuelle du champ sportif, une délimitation inédite des espaces et des temps. *Gestes* similaires, peut-être, mais *jeux* distincts.

Valeurs bourgeoises et sport moderne

Ainsi se diffusent les valeurs de la bourgeoisie européenne, ses conceptions d'un temps productif et d'un temps de loisir, du défoulement corporel lié à l'ordre social, de la contractualisation des échanges et de la régulation de la violence, ainsi que d'une pédagogie méritocratique. Au-delà des sports qui sont par définition des jeux, le sport est un jeu parce qu'il est un mode d'être compétitif, où l'on calcule temps et distances, où l'on compte les points et où l'on désigne un vainqueur, quand ce n'est pas auprès de soi seul que le défi est lancé. Il l'est aussi parce que situé dans un espace-temps précis du champ social, hors du travail, dans des lieux dédiés, avec des périodicités régulières, selon des règles acceptées et autonomes, dans des mises en scène où le combat, la violence, la guerre sont finalement *joués*, figurant ainsi une contre-société dont seraient exclus les maux de la société. D'où, corollaire de l'illusion du jeu, celle de la *vertu*. Parce que tout est vrai dans le sport, au sens cathartique du terme, c'est-à-dire celui des émotions ressenties, mais *faux* du point de vue de l'effectivité réelle de ses scénarios, l'illusion d'une société purifiée, d'un sport « neutre », « apolitique », miroir d'une pédagogie idéale, a fait son chemin. Puisque c'est un jeu, dit-on, les adversaires sont interchangeables, comme les pays et les villes ; les matchs seraient des « jeux de rôles », et les passions, vite oubliées. Chaque compétition est un commencement.

Ainsi la notion de jeu contribue-t-elle à la moralisation du sport, autant d'ailleurs qu'à son discrédit intellectuel – « Les sportifs sont de grands enfants. » Au cœur de la pédagogie, l'ambition coubertinienne a défini le concurrent des gymnastiques austères ou de l'éducation physique, héritière du rousseauisme, qui prétendait tout éduquer du corps (hygiène, rectitude, résistance au climat, force musculaire) et inculquer le sens civique aussi bien que l'altruisme. Certes, le jeu sportif selon Coubertin comprend bien aussi, et combien, une vision morale, voire de renouveau du patriotisme – «Je rebronzerai une jeunesse veule et confinée», dit-il dans son *Discours devant l'Association française pour l'avancement des sciences*, le 26 janvier 1889 –, un sens de la communauté compétitive (aussi appelé «esprit d'équipe») et un projet scolaire excédant largement la seule prise en charge du corps. Néanmoins, ces objectifs sont subsumés sous une dimension fondamentalement ludique qui signifie ici: liberté («liberté d'excès»), esprit de conquête, dépassement de soi, universalité de la culture ou plutôt, devrait-on dire, de la «contre-culture» sportive. Partant, l'histoire récente du sport, celle du XXe siècle, autour de la colonne vertébrale que furent longtemps les jeux Olympiques, s'est-elle assise sur cette institutionnalisation du jeu qui a vu les clubs, les fédérations, les compétitions, les sports eux-mêmes se multiplier en cent cinquante ans, contribuant à l'essor d'une sphère à part: le sport de haut niveau.

Le jeu et l'«esprit de sérieux», le jeu comme «métier»

Le sport de haut niveau a progressivement introduit, à mesure qu'augmentait la concurrence, que s'universalisait le sport, que les enjeux financiers (même s'ils furent d'abord dénoncés dans l'amateurisme) croissaient, la nécessité de considérer la plupart des sports les plus compétitifs comme des activités à temps plein. D'où l'idée, impensable dans les débuts, qu'on puisse en faire une «carrière» ou un «métier». Les cadences d'entraînement du sport d'élite d'aujourd'hui ne laissent plus beaucoup place ni au temps «libre», ni même à l'enfance, car la précocité et l'intensité des préparations sont les conditions de possibilité de la performance. Partant, il n'est plus seulement besoin de don, ni de vocation, mais presque de sacerdoce pour réaliser cette ambition. Le désintéressement aristocratique qui affleure encore dans le coubertinisme, le loisir sportif qui se démarquait du temps de travail, ont laissé place à des projets professionnels concoctés dès le plus jeune âge et menés à bien avec l'aide de la science. Du coup, les sportifs sont «au travail», «font le métier», sont de «bons professionnels» et (pour certains seulement) gagnent leur vie en conséquence. Du coup également, le commentaire sportif a pris ce ton sentencieux qui accompagne les grands enjeux. L'analyse minutieuse des matchs et des records s'enveloppe d'une scientificité témoignant aussi de la place qu'a prise le sport dans la représentation sociale.

L'«esprit de sérieux» s'est emparé du sport, tant et si bien qu'on serait tenté de dire que les sportifs ne sont pas là pour *jouer*. Une parenté s'opère alors (comme elle s'opère par ailleurs dans la volonté contemporaine de construire son corps) avec l'esprit du capitalisme, dont Max Weber a montré le lien avec l'ascèse protestante, ce qui porte d'ailleurs un éclairage particulier sur la naissance et le succès du sport dans les pays protestants: rationalisation du temps, comptabilité de l'effort qui prépare le gain, plaisir atteint par la médiation de la douleur, satisfaction différée dans un au-delà indéfini, etc. Ces traits se retrouvent chez les champions, comme (peut-être par capillarité) chez les sportifs ordinaires. Les enjeux financiers qui entourent le sport de haut niveau distordent, de toute évidence, l'intention première: introduire un jeu, le sport, dans la vie sociale et la pédagogie. Jusqu'à ce paradoxe: faire du dopage un système qui, bien que bafouant les «règles du jeu» en débordant sur la sphère juridique, révèle en même temps tous les fonctionnements d'un jeu, dans ce qu'il a de mise à l'épreuve des règles et de volonté de progresser. *Jouer*, c'est toujours jouer avec la règle. *Progresser*, c'est imaginer des contournements ou des variantes à la règle qui seront admis comme des innovations ou refusés comme des tricheries.

L'avenir du sport comme jeu

La question du dopage réfère au jeu sur plusieurs plans. Elle montre que le jeu dépend de conventions et non pas de valeurs absolues : les listes de produits changent, de même que les protocoles de contrôle, les pays et fédérations ont leurs propres règles et sanctions, les conditions d'absorption des produits, comme les autorisations à usage thérapeutique (AUT), font fluctuer l'interdit. Deuxièmement, elle montre que ce jeu-là, le sport, a partie liée avec des questions sociales (notamment philosophiques, éthiques et médicales) si l'évolution de l'humain, l'amélioration de ses performances, nécessitent la transformation technique et chimique du corps. Par là, le sport de haut niveau n'est plus seulement un jeu, mais un laboratoire expérimental. Troisièmement, enfin, le dopage pose la question des modalités de la compétition. Le « siècle de la mesure », le XIXe, celui de l'essor du sport, nous a en effet légué la tradition du calcul chiffré des performances. Le sport est devenu l'empire du chiffre : résultats, statistiques, histoire comparative, etc. Or, si la performance sportive ne s'évalue qu'à partir d'un « record battu », sans doute le dopage est-il inévitable. Peut-on imaginer que la performance consacre d'abord des vainqueurs (à l'instar des Grecs anciens), adoptant le postulat de faire fi des records ? L'idée de jeu serait réintroduite par ce biais. Mais cette éventualité bute sur au moins deux obstacles : le premier est le poids d'habitudes ancrées (« tout » mesurer dans le sport) et de modes de pensée (évaluer le progrès humain) qui conditionnent la médiatisation du sport et son financement ; le deuxième est que le dopage existe dans tous les sports, y compris ceux qui sont des jeux.

La place du jeu est à redéfinir. Les activités physiques grecques, romaines et médiévales ont ceci de commun avec les nôtres qu'elles sont (tautologiquement) l'expression de sociétés. De la même manière, la mondialisation du sport de haut niveau induit des « problèmes », liés à l'extrême concurrence, mais aussi aux enjeux politiques et économiques qui traversent le monde actuel : rôle du capitalisme, valeur des « droits de l'homme », déséquilibre des richesses, exploitation des corps à des fins médicales, lucratives, voire sportives. Or, ce que nous appelons *jeu* se pose à la fois comme une valeur insérée dans ces enjeux et prétendant leur faire face. D'où l'ambivalence de certaines prises de position des instances sportives lorsque la portée politique du sport contredit sa revendication de « neutralité ».

Pourtant, l'idée de replacer la notion de jeu au cœur du sport semble fondamentale. L'emprise du sport de haut niveau sur les représentations communes du sport masque aujourd'hui ses aspects ludiques. L'identification à la défaite de tel ou tel prend figure de tristesse nationale. Les salaires mirobolants attisent les rivalités jusqu'à la violence. La pédagogie par le sport, enfin, ne peut perdurer qu'à ce titre : rappeler qu'il s'agit d'un jeu et que ses fonctions sociales et éducatives s'articulent sur ce point. Le sport de haut niveau n'est pas « tout le sport », et si le premier répond (à charge ou à décharge) aux exigences particulières et aux « dérives » liées à son statut, le sport éducatif peut encore, par une volonté collective (c'est-à-dire politique, économique et médiatique), tirer son épingle… du jeu.

K

KAIROS

Le *kairos*, terme grec, signifie le moment propice et rare de l'action juste, valeur temporelle, mais aussi spatiale. Il plonge ses racines dans le monde archaïque, désignant à la fois le temps de l'action, mais aussi les conditions d'épanouissement des êtres vivants, leur accord avec la nature, mais encore le lieu du coup fatal, propre à tuer. Ainsi Homère évoque-t-il l'endroit vulnérable que l'archer vise pour atteindre la cible, exemple repris par Aristote pour évoquer la juste mesure, le Souverain Bien. Cet exemple de la précision du tir à l'arc vaut dans plusieurs domaines : militaire, médical, politique, rhétorique, artistique, moral. Pour Hippocrate, le *kairos* est cet instant critique où l'intervention du médecin peut faire basculer le malade vers la vie ou la mort. Pour Thucydide, il désigne ces moments-clés qui engagent le sort des cités. Ainsi la précision est-elle sagesse, vertu, exception, beauté. Pour les Grecs, l'excellence, corporelle ou morale, ne va pas sans sa conséquence esthétique. Peut-être appellerions-nous « grâce » aujourd'hui ce moment du sport où l'aisance et la beauté du geste rejoignent son efficacité, où le temps est comme suspendu par l'effectuation parfaite d'une technique et d'une intention et, au-delà, au point d'acmé d'une existence.

KENYAN (« MIRACLE »)

On appelle « miracle kenyan » la réussite, depuis trois décennies et sur tous les continents, dans les épreuves de fond en particulier, des athlètes de la vallée du Rift. Les athlètes kenyans ont remporté, depuis 1980, environ 40 % des épreuves de course de fond et de demi-fond des jeux Olympiques et des championnats mondiaux d'athlétisme. Leur spécialisation dans ces disciplines, plutôt que dans celle du sprint par exemple, tendrait à favoriser une explication de type génétique, ces athlètes ayant une morphologie légère et le corps sec.

En réalité, la génétique n'a jamais expliqué à elle seule comment on devient un champion. Une multiplicité de facteurs (éducation, culture, entraînement, situation économique, environnement géographique et politique) converge pour produire ces résultats. L'initiative d'un père catholique irlandais, le frère Colm O'Connell, venu s'installer il y a trente ans dans le hameau d'Iten et ayant entraîné depuis des dizaines d'athlètes de haut niveau, l'émulation et l'esprit de groupe entre ces athlètes depuis la médaille d'or de Kip Keino aux JO de 1968 et 1972, l'intensité des entraînements, mais encore l'altitude, ont créé une culture de la course et de la victoire. N'oublions pas ce facteur également déterminant: depuis que le sport a pu être exercé à titre professionnel au Kenya, une véritable explosion s'est produite. Le salaire mensuel à Iten est de 50 euros. Des athlètes pouvant gagner dix fois plus qu'un professeur, et bien davantage encore dans les grands meetings internationaux, ont inscrit l'espoir d'une ascension sociale chez les générations suivantes.

Ainsi en va-t-il de la mondialisation sportive et de ses corollaires. La variabilité des motivations, des histoires personnelles, des cultures et des conditions de vie n'en finit pas de pointer ce «creuset démocratique» qu'est le sport, mais aussi d'en dessiner les limites: comment ordonner des législations, signifier des interdits, par exemple de se doper ou d'exploiter des enfants trop jeunes, dans ce contexte «mondial» où la réussite sportive est (trop souvent?) une issue vitale?

L

LONGITUDINAL (SUIVI)

Le suivi longitudinal est un protocole de la lutte anti-dopage par lequel un sportif de haut niveau doit être en mesure de se soumettre à des tests médicaux (prélèvements sanguins et urinaires en particulier) à quelque moment que ce soit dans une année (période de compétition, d'entraînement ou de repos) et où que ce soit dans le monde. Il doit ainsi fournir un détail précis de son emploi du temps et répondre, avec une marge d'erreur ou de refus réduite, aux convocations qui lui sont adressées par les instances dirigeantes de son sport. Ce protocole a pour but de restreindre la possibilité pour les athlètes de se doper dans les périodes hors compétition ou de masquer un dopage «longue durée», et de comparer de manière fine sur plusieurs mois et années leurs bilans biologiques, afin de détecter des anomalies révélatrices d'un dopage. On parle aussi, à cette occasion, d'un «passeport biologique».

Des contrôles anti-dopage renforcés et toujours plus invasifs

Nous n'entrerons pas ici dans le détail scientifique et technique de cette procédure et en particulier des modalités qu'elle doit sans cesse adapter aux progrès connexes du dopage. Nous n'oublierons pas non plus que c'est l'inventivité des dopeurs et des dopés qui, dans un jeu dialectique incessant, stimule ce renforcement des contrôles. Par ailleurs, la liste des sportifs découverts dopés lorsque, après plusieurs années, des échantillons biologiques anciens leur appartenant et ayant été conservés sont soumis à de nouvelles techniques d'analyse (comme pour Lance Armstrong, sept fois vainqueur du Tour de France, à propos d'échantillons datant de 1999 et révélant la prise d'EPO) n'en est qu'à son début. Ainsi se profile la possibilité d'archiver, sur la durée d'une vie d'athlète (voire plus), des identifiants biologiques soumis au contrôle.

Les questions que pose le suivi longitudinal sont inédites dans le milieu du sport, une fois admis que ce mode de contrôle est une *parade* contre le dopage (et donc que nécessité fait loi) et que le sport révèle ici son pouvoir de figurer la société. Elles pointent le respect des libertés individuelles, de la vie privée, des droits de l'homme. Les exemples de sportifs contrôlés dans l'intimité de leur vie privée s'ajoutent à ceux des investigations corporelles de plus en plus invasives pratiquées en compétition. Quel individu accepterait de subir un test urinaire sur le lieu de vacances où il réside en famille ? De pratiquer le même test en public ? De subir des contrôles sanguins rapprochés, dans des conditions pas toujours optimales, au point d'en éprouver une fatigue avant la compétition, comme ce fut le cas pour certains athlètes aux JO de Pékin ?

En arrière-fond, l'idée d'une *traçabilité* de la performance pose problème. Qu'est le sport comme profession (ou *spectacle*) pour exiger cela de ses acteurs (ou *employés ?*) ? À quel titre le sportif est-il redevable d'une soumission de sa vie privée au contrôle, notamment de sa vie hors compétition, de ses manières de « faire la fête » ou de problèmes existentiels nécessitant la prise de médicaments ? À partir de quel âge de l'enfance et jusqu'à quel âge de l'après-carrière soumettra-t-on d'éventuels bilans biologiques au contrôle prospectif ou rétrospectif ? Il semble que le statut du sportif de haut niveau évolue vers une forme de *panoptisme*, où chaque instant de l'existence est en droit d'être contrôlé : au nom de quelles valeurs? De quelle exception sociale et juridique? De quelle vision idéalisée d'une contre-société vertueuse?

Les raisons de cet acharnement

Comme souvent, une «volonté de pureté» exacerbée ne peut que conduire à des excès, comparables, certes, à ceux du dopage. Le rôle si spécifique joué par le sportif de haut niveau dans notre société vient brutalement au jour. Pour des raisons historiques (les fondations du sport moderne) et sociales (la projection d'un idéal démocratique simplifié sur le sport), la compétition sportive est censée incarner *la règle*. La valeur ontologique de cette dernière ne peut être dévoyée sans conduire à la disparition du sport en tant que tel ou à sa transformation en autre chose: un spectacle uniquement, par exemple. C'est une première raison pour laquelle la quête de cette «pureté» sportive, illustrée par la lutte anti-dopage, n'a, en quelque sorte, pas de limite, jusqu'à imaginer des procédures de contrôle des individus sans doute inacceptables ailleurs.

Le deuxième point est que, le sport étant une figuration de la société, la question du panoptisme s'étend bien sûr aux nouvelles techniques d'investigation médicale et à leur utilisation, au fichage des individus, voire à l'insertion de puces électroniques dans le corps à des fins diverses: vérification des ressources bancaires, contrôle ou amélioration des fonctions et organes, donc dopage. Si le sport de haut niveau est le laboratoire expérimental du dépassement de soi humain, il l'est aussi des manières d'appropriation du corps par le social et la science. Par là, le suivi longitudinal voisine avec la *biométrie* et déroule un rêve improbable: faire un «contrôle qualité» des individus de la naissance à la vieillesse, voire avant la naissance; archiver les modes de vie ou événements, excédant dès lors le biologique. Paré de vertueuses intentions (comme toujours?), *Big Brother* a trouvé dans le sport un nouveau terrain de jeu.

LONGO (JEANNIE)

Jeannie Longo, la cycliste aux sept JO, trente-huit records du monde, cinquante-cinq titres de championne de France et plus de mille victoires, toutes compétitions confondues, est à la fois exemple et contre-exemple. D'abord exemple de ce que l'augmentation de l'espérance de vie, l'attention méticuleuse portée à soi, à son corps (hygiène de vie, passion pour la diététique, science poussée de l'entraînement physique), permet à une femme de 50 ans d'accomplir : vaincre en compétition des concurrentes à peine nées lors de sa première victoire. La programmation de la performance sportive est ici programmation de l'existence, organisation obsessionnelle, culture savante de soi, dans les moindres détails physiologiques. Jeannie Longo n'avait sans doute pas imaginé une telle longévité, elle qui dit être venue à la compétition cycliste assez tardivement. Il n'empêche qu'elle incarne, par la sculpture quotidienne et extrapolée de sa forme, une manière de *jeunesse éternelle*, rêve social d'aujourd'hui.

Par là, Jeannie Longo est aussi le contre-exemple d'un sport de haut niveau qui tend de plus en plus (d'autant plus dans les sports professionnels et ceux à « circuit » quasi permanent) à user les athlètes, à broyer les mécaniques physiques et mentales. Usée, Martina Hingis, plus jeune n° 1 mondiale de tennis à 16 ans, qui interrompt sa carrière à 22, pour la reprendre brièvement à 26 et la conclure définitivement un an plus tard sur un contrôle antidopage positif à la cocaïne ; usée, sa consœur Kim Clijsters, n° 1 mondiale elle aussi, en retraite à 24 ans, après de nombreuses blessures. Usées également, les gymnastes et les nageuses, qui concourent rarement après 20 ans pour les premières, guère plus pour les secondes. Tel *Cronos* dans la mythologie grecque, le sport de haut niveau dévore ses enfants prodiges. Peu nombreux sont ceux qui dépassent au sommet de leur « art » la trentaine, *a fortiori* la quarantaine. Jeannie Longo a 50 ans et le bilan doux-amer d'une réussite sportive exceptionnelle et d'une vie dont la temporalité s'est finalement décalée (à force de perfectionnements) par rapport au social.

M

MÉDIATISATION

Dire que le sport jouit d'une forte médiatisation est une banalité. Au xxe siècle, celui de son essor, il a bénéficié, d'une part, de l'intérêt de la presse à son égard (voir la création, en 1903, du Tour de France par le journal *l'Auto*), d'autre part, du développement des médias audiovisuels et de la diffusion des images dont il est l'un des attraits majeurs. La multiplication des supports actuels, Internet, la téléphonie mobile, la spécialisation de chaînes de télévision qui lui sont dédiées décuplent ce phénomène. Le sport est *visible*, et cette visibilité essaime au travers de pays, de cultures et de modes de vie très différents, avec des conséquences politiques et économiques notables. Cette visibilité s'est aussi constituée, après guerre, autour de l'avènement du sport de haut niveau, qui s'est progressivement spécifié comme une sphère propre, avec ses règles, ses champions, ses légendes, ses financements et ses enjeux, de plus en plus distincts du sport de masse ou du sport de compétition amateur. Mais c'est aussi parce que les médias s'intéressaient de plus en plus au sport que celui de haut niveau, sport-spectacle en première ligne, a pu se distinguer. Autrement dit, le succès du sport a tout autant bénéficié de l'essor des médias, que ceux-ci profitent aujourd'hui du sien.

L'ère de l'image

Le mariage du sport et des médias n'est pas sans révéler, on s'en doute, un certain nombre de collusions et d'intérêts qui s'imposent. Certains sports sont plus médiatisés que d'autres, les plus universels, les plus professionnels, ceux suscitant des retombées financières importantes, comme le football. Certaines compétitions bénéficient de leur ancrage dans une histoire et des symboles ayant partie liée à la structuration du sport. Les jeux Olympiques appartiennent à cette catégorie, associant certains sports professionnels (basket, tennis), d'autres peu médiatisés (natation, gymnastique), ou « pauvres » (aviron, biathlon), et des compétiteurs invités, issus de « petits » pays. La bataille fait rage entre les villes candidates à les accueillir, d'où parfois une corruption à grande échelle, comme pour les JO d'hiver à Salt Lake City en 2002. D'une manière générale, l'ancrage historique est une valeur ajoutée. La périodicité des compétitions sportives contribue à la scénarisation du sport et à sa légende. Ces facteurs convergent aujourd'hui vers une médiatisation synonyme de gains financiers et d'une très forte discrimination : d'un côté, sports « stars » et champions aux fortunes assurées ; de l'autre, sports « mineurs », où les athlètes cumulent entraînement et emploi pour gagner leur vie.

La médiatisation du sport n'est donc pas une, mais multiple, comme le sport, même si les critères s'unifient (ceux des lois du marché). En cela, le spectacle sportif est un objet de consommation depuis la fin des années 1960, qui peaufine sans cesse son attractivité. Les chaînes de télévision multiplient les retransmissions et améliorent leur technicité en proposant des « angles de vue », des « ralentis », des « retours sur l'action », des « gros plans » ou des « sonorisations » rapprochant joueurs, entraîneurs et arbitres des téléspectateurs. Elles imposent aussi leurs règles, qui sont, à l'occasion, *de nouvelles règles du sport :* raccourcissement des temps de jeu ou fractionnements qui permettent la publicité, arbitrage «audio» et «vidéo» qui accroît la proximité du spectateur, horaires des compétitions qui assurent des retransmissions aux heures de grande écoute, etc. La médiatisation du spectacle sportif est une industrie qui promeut ses objets, a ses gammes de produit, cultive ses «niches». Sur les chaînes françaises, les «sports américains» ou «australiens» (football américain, rugby à sept, base-ball, softball), les épreuves de glisse urbaines ou en milieu naturel, les sports extrêmes (raids en milieu hostile, vols libres, descentes en montagne abrupte), les sports «régionaux» (certains sports de combat, «K one», sumo ou encore le curling ou le polo), ont leurs *aficionados* et complètent une palette plus classique.

Dans ce flot d'images, tout se mêle, ce qui est compétition et ce qui ne l'est pas, ce qui est *sport* et ce qui est *aventure* ou *folklore*, ce qui est *en direct* ou pas. L'effet de masse séduit ou exaspère. Mais cette diversité suggère aussi que l'universalité des compétitions s'offre à la singularité de chacun et que la passivité du téléspectateur soit combattue par la maîtrise du choix. Par là, la médiatisation du sport s'accorde avec l'individualisme de nos sociétés, où chacun pense faire ce qu'il veut et jouir comme il l'entend. Il en va, néanmoins, du sport de consommation comme du reste: l'ambivalence entre le choix personnel et la norme imposée est de mise. Toujours est-il que l'image sportive a gagné son omniprésence, au point de receler plusieurs niveaux de consommation: celui, direct, de la compétition; celui de l'identification personnelle à un champion ou une équipe; celui aussi, beaucoup plus insidieux, par lequel le sport s'offre comme une *interface* pour d'autres consommations (les produits dérivés), d'autres représentations de soi (comportements individuels et sociaux) ou la constitution de valeurs (rapports à la loi, à l'argent, au mérite, à l'école, etc.). Certains champions jouent alors, dans les médias et par leur charisme, des rôles consultatifs autrefois dévolus aux écrivains ou aux artistes.

L'universalité du sport

La capacité de certains sports à concerner le public le plus large, « planétaire » comme disent les commentateurs, contribue au sentiment général d'une nécessité sportive. L'expression « grand-messe » qualifie alors cette communion, cette relation interculturelle, interethnique, interlinguistique, intergénérationnelle qui s'établit lors des jeux Olympiques ou de la Coupe du monde de football. Une forme de nouvelle religiosité s'exprime. Et, après tout, le projet du baron Pierre de Coubertin n'était pas autre, à la charnière des XIXe et XXe siècles, que de fédérer autour du sport une vaste entreprise internationale à buts culturel et pédagogique. Non seulement le sport a, semble-t-il, des *vertus*. (Selon une longue tradition et les vues de Coubertin, il promeut la santé, le dépassement de soi, la discipline, le civisme, l'altruisme, et compose entre eurythmie et grandeur.) Mais il est aussi le schème idéal susceptible de cristalliser des attentes extrêmement diverses, voire antagonistes, d'où la prudence requise dans son analyse politique. Ses scénarios sont simples, même si les règles sont parfois complexes, de même que ses codes, aujourd'hui adaptés aux retransmissions télévisées. Les champions sont ciblés par le marketing. Un univers aisément identifiable s'offre ainsi au téléspectateur, aux accès à la fois multipliés et simplifiés.

Ces paramètres facilitent l'identification. Dans *Systèmes des sports*, Paul Yonnet a fort bien montré comment le succès médiatique du sport-spectacle s'organisait autour de deux axes : une capacité à générer de l'incertitude en fabriquant des compétitions « entre égaux » (divisions, poules, têtes de série, etc.) ; une aptitude à provoquer l'identification des foules. Toujours, un élément rapproche le spectateur du compétiteur, le pays, la langue, la couleur de peau, les origines sociales, ce qui, lorsque le favori est éliminé, permet de décliner à l'infini des transferts possibles sur d'autres encore en course. D'où la popularité du sport, écrite autour de *légendes* telles que Fausto Coppi, Mohammed Ali, Ayrton Senna, Zinedine Zidane, etc. Le champion est *une part de moi qui parfois s'ignore*, même si cette proximité se mixe à une inaccessibilité de la performance. D'où, aussi, le phénomène de fascination/répulsion qui se met en place lorsque le champion ou l'équipe déçoivent, soit en perdant, soit en se dopant. La critique est prompte, alors, à vitupérer ce qu'elle avait encensé. Les champions locaux ou nationaux n'échappent pas à cette possessivité qui s'exerce aussi à l'égard des hommes politiques, ni, accessoirement, à une volonté de pureté collective.

La diversité sportive et sa plasticité donnent un sentiment de proximité, même aux plus rétifs. Le sport est entré dans nos vies, tant qu'il serait hasardeux de l'imaginer autrement. Le spectacle sportif fédère. Des téléspectateurs se regroupent, lors des grands événements, dans un bar ou sur une place publique, devant un grand écran. Certaines compétitions scandent, pendant plusieurs semaines et par le biais des nouveaux médias, la vie quotidienne des plus acharnés. Dans les contrées les plus pauvres du monde, des villages entiers ou des quartiers se concentrent autour de rares téléviseurs. Toutefois, la médiatisation du sport génère aussi ses passions négatives, lorsqu'elle attise les nationalismes, dresse les unes contre les autres des hordes de supporteurs ou entraîne une dérégulation des enjeux économiques, par le biais de la corruption, des matchs truqués ou des paris. La collusion entre le sport et la société devient alors frappante et contredit l'image idéale. Elle confirme aussi que le sport s'irrigue des traits marquants de son époque, comme chaque époque projette sur lui des attentes propres. Ce qui invite à toujours contextualiser l'analyse du sport, sans considérer que le sport engendre, immuablement, les mêmes catégories de valeurs.

En réalité, la médiatisation du sport ouvre une sorte d'*agora*, à très grande échelle, dans laquelle se projettent et s'expérimentent, universalité faisant, des modes d'être et de relations très différents.

La force du spectacle sportif est de parvenir à les unifier, à les relier, à les épurer de leurs particularismes, pour donner le sentiment d'une communauté, d'une « grande famille ». Quoi de commun entre un cavalier allemand et un hurdler kenyan, un footballeur argentin et un fondeur norvégien, une gymnaste chinoise et une tenniswoman américaine ? Notre statut de spectateur ? Leur statut d'athlètes de haut niveau ? Quoi de commun entre les contextes géopolitiques et économiques de ces pays ? On peut débattre de la religion, ou plutôt de la religiosité dans le sport, qui demeure, avant tout, une activité profane. Mais on doit insister sur ces ferments de son succès que sont la simplification de son spectacle, la reconnaissance universelle des codes qu'il propose, la diversité qu'il tisse comme une toile d'araignée, offerts à une myriade d'intérêts complexes qui se fondent en lui. Par là, on pourrait dire que chacun trouve dans le sport ce qu'il y met. Ce relativisme, toutefois, trouve sa limite dans ce que l'ancrage historique du sport, ses institutions et fonctionnements produisent de *sens*.

Le label « sport »

Autant que l'attraction pour la compétition sportive, les produits dérivés publicisent le sport. Directement issus de l'activité commerciale, ils ne cessent de se multiplier, utilisant à l'envi (souvent par de juteux contrats) l'effigie des champions. Il était naturel, dirons-nous, que les matériels sportifs (skis, vélos, raquettes, ballons, chaussures) inondent le marché en d'innombrables déclinaisons et au rythme de victoires prestigieuses. Mais, bien au-delà du marché spécialisé et strictement sportif, le *sportswear* (vêtements, chaussures « de ville »), le *hi-tech* (montres et chronomètres de luxe, appareils photo et vidéo, consoles de jeu, station météo, etc.), l'automobile, les cosmétiques, l'alimentaire, le tourisme utilisent l'image de sportifs pour promouvoir leurs marques. Cette image s'égrène ainsi en un maillage étroit et subliminal, confirmant que le sport est désormais un *label*. Notons, au passage, que cette dimension économique et commerciale n'est pas absente de la lutte anti-dopage, c'est-à-dire de la volonté de préserver l'*image* et le *mythe* d'un sport sain. Or, qui dit label, dit simplisme des slogans (esthétique, force, jeunesse, réussite, etc.), mais aussi et surtout valeurs, et valeurs positives. Non seulement le sport est «partout», mais il distille «partout» ses «messages positifs».

Le sport bénéficie de cet étrange statut d'être à la fois omniprésent dans notre espace social et souvent considéré comme marginal au regard des problèmes sociaux. Le sport est «partout», mais, semble-t-il, sans prendre une part réelle aux mécanismes de la société: c'est un divertissement, un loisir, un jeu. On convoque rarement le sport pour étayer une analyse politique, y compris quand le sport lui-même est immergé dans l'événement politique (comme lors des attentats de Munich, des boycotts successifs liés aux rapports Est-Ouest ou du temps de l'apartheid en Afrique du Sud, par exemple). A l'occasion des jeux Olympiques de Pékin, en 2008, la dissociation entre le contexte politique de la Chine et l'événement sportif a été de mise dès leur attribution, même si de timides détracteurs ont suggéré le boycott de ces jeux au nom des droits de l'homme et en particulier au vu des événements au Tibet. La thèse, ici, de la contre-société joue. Le sport labellise parce qu'il se désengage d'un social complexe. Telle est, d'ailleurs, très souvent, l'attitude adoptée par les sportifs qu'on interroge sur la politique, et pas seulement parce qu'ils sont trop jeunes ou trop impliqués dans leur sport: une attitude «désengagée», ce qui est une manière de pureté.

Le sport séduit donc parce qu'il cultive son simplisme, parce qu'il se livre comme un spectacle d'une diversité inépuisable et mondialement appréciée. Sans doute est-il l'une des activités mondialisées de spectacle les plus prolifiques, les plus exportables, les plus rémunératrices et les plus visibles. Les champions en sont les représentants multicartes, tout au moins ceux qui ont une image ou un palmarès à monnayer. Cette focalisation sur les sports de haut niveau les plus médiatisés masque évidemment la disparité entre les sports et la variété des «façons» de faire du sport. Ce qui facilite les jugements hâtifs et les condamnations lapidaires du «sport» lorsque tel ou tel (équipe, champion, fédération, organisation) faillit. Ce qui contribue, aussi et néanmoins, à la diffusion d'une «culture sportive» admise comme telle, rarement définie et rarement différenciée. La société est sportive parce que le spectacle est à portée de main et s'offre à une consommation directe. Force est de constater, en outre, que le sport a acquis un monopole sémantique qui s'impose, désignant toute activité physique : gymnastique, éducation physique scolaire, exercice physique. Même le sexe devient du «sport» dont on mesure les bienfaits, ou encore les jeux intellectuels ou la Bourse !

MYTHE(S)

«La compétition est présente, en bout de cycle de la vie sociale, pour marquer le passage du monde des vivants au monde des morts.» (Bernard Jeu, *Analyse du sport*)

Qu'est-ce qu'un mythe ? Dans son sens le plus général, il s'agit d'un récit qui, sous une forme narrative, rapporte soit les faits et gestes de personnages réels ou imaginaires (notamment des héros), soit les exploits des dieux ou des demi-dieux. Selon Claude Lévi-Strauss, au sens ethnologique, c'est un récit caractéristique des sociétés primitives et archaïques ayant des fonctions sociales et culturelles précises, notamment celles d'assurer la cohésion d'une collectivité, de lui fournir des modèles explicatifs et normatifs, de structurer l'imaginaire collectif.

C'est en articulant ces deux acceptions dans son *Analyse du sport* que Bernard Jeu puise dans les mythes les plus anciens – l'histoire d'Atalante, «prototype de la sportive», célèbre pour la rapidité de sa course et qui défiait ainsi ses prétendants, l'histoire de Pélops, qui battit le roi Oïnomaos dans une course de char afin d'en épouser la fille, ou encore le mythe indien de Tshakapesh, qui lutta contre une femme cannibale et jouait à la balle avec des ours – les sources d'une analyse anthropologique des origines du sport. L'idée est la suivante : le sport est un langage, une grammaire qui structure depuis toujours un certain nombre de représentations sociales, la vie, la mort, le sacré, la famille, le mariage, etc.Les jeux funèbres les plus célèbres sont ceux de l'*Iliade:* Achille y est à la fois le juge-arbitre et le donateur des prix parce qu'il conduit le deuil de son ami Patrocle.

> **« Avant que le sport devienne sport, c'est-à-dire une institution relativement autonome fonctionnant pour elle-même, où l'on jouait pour jouer, et, si possible, pour gagner, la compétition existait déjà, sous forme de rituels, où l'on jouait pour participer à l'ordre conjoint de la société et du monde. »**

Cette conception assimile le sport à une compétition ou, plutôt, voit dans toute compétition un archétype sportif et repère ainsi, de la préhistoire au Moyen Âge, et du Moyen Âge jusqu'à nos jours, dans les jeux motivés par l'amour courtois, comme dans la délimitation des terrains de sport par des lignes ou des filets, des thèmes universels liés à l'histoire humaine. Ainsi se dessine une « archéologie des comportements sportifs », dont le premier effet est de suggérer une continuité de l'histoire sportive, voire une *humanité* sportive. Le sport n'est pas tant considéré dans le sens moderne d'une activité autonome que dans celui d'un entrelacs de fonctionnements symboliques pétri d'histoire et de social. Cette notion de continuité est battue en brèche par les tenants d'une définition moderne du sport, y compris sur le terrain des significations sociales. Norbert Elias, en particulier, nous enjoint de ne nommer « sport » que cette activité institutionnalisée de loisir bourgeois, apparue dans l'Angleterre industrielle du XIXe siècle. Aussi est-ce un parti pris idéologique, et parfois un masquage de ses sens modernes, que d'aborder l'histoire du sport comme récit immémorial, comme généalogie d'images et d'émotions transférables de société en société, même si, bien sûr, on peut accorder une fonction anthropologique au sport.

Par ailleurs, le sport moderne *crée* ses mythes. On entend par là les fameuses *légendes* construites autour de héros populaires, de victoires grandioses ou de défaites déchirantes. Le phénomène identificatoire cristallise alors autour de ces personnages ou événements des attentes sociales, nationales ou individuelles. Ainsi «Fangio», «Anquetil», «Poulidor», «les Verts», «Senna» évoquent-ils des épopées de champions adulés, puis, pour certains, perdus par la foule dans une fin tragique. La projection identitaire joue à plein et convoque des parentés nationales, une admiration sans bornes, de la compassion, de la fierté. Pour autant, la compétition sportive en elle-même ne génère pas de fiction. Le sport est un prétexte dans la littérature ou le cinéma, car le déroulement compétitif n'a pas de potentiel narratif, ou très peu. D'où la platitude et la redondance du commentaire sportif. Ce sont les personnages, les lieux, l'histoire des compétitions qui mythifient le sport, plus que les matchs, même lorsque ceux-ci sont qualifiés d'«anthologie». Or, chacun sait qu'une anthologie n'est pas un roman. Le mythe sportif se forge par une narration primaire (le cheminement de la victoire ou de la défaite) et la mise en exergue de qualités personnelles archétypales (revanche sociale, goût immodéré pour le risque, audace hors du commun, qualités physiques et techniques incomparables ou, au contraire, fragilité ou échecs) qui rendent plus proche le sportif. La présence de l'écran qui spectacularise et rend sensibles effort et conquête, la projection de thèmes sociaux sur le sport (comme la violence), la mise en jeu de valeurs morales accréditant la thèse d'une contre-société vertueuse accroissent la force du mythe, au risque d'opacifier, par exemple, la réalité du dopage. Parce que l'espace légendaire est celui de la croyance, l'image de pureté reste ainsi associée au mythe sportif.

N

NATURE (IDÉE DE)

> **« Une théorie de l'éducation est nécessairement normative. De quelque manière qu'elle se précise, elle se propose de définir et de réaliser un idéal humain. Mais toute définition d'un tel idéal humain est, à son tour, nécessairement liée à une attitude à l'égard de la nature humaine. On peut penser que l'éducation doit se conformer aux enseignements de la nature ou, au contraire, estimer que la raison d'être de l'éducation est de la modifier. » (Jacques Ulmann, *la Nature et l'Éducation*)**

Le sport, si l'on veut bien se souvenir de son origine comme projet pédagogique, s'apparente par ses problématiques à cette citation de Jacques Ulmann. Il s'y apparente d'autant plus si l'on double les finalités du sport moderne, de celle de l'éducation physique, théorisée, pour la première fois, au XVIIIe siècle. Que dire enfin des ancestrales gymnastiques, dont la dominante médicale impose une réflexion sur la nature ? Voyons cela de plus près.

Aristote *versus* Descartes

Le premier paradigme fécond pour penser la relation du corps avec la nature – et, par extension, toute théorie de l'éducation impliquant le corps et tout exercice corporel – est l'opposition entre l'Antiquité et la modernité.

Les Grecs anciens, à l'instar d'Hippocrate ou d'Aristote, ont une représentation de l'univers, des conceptions astronomique et physique, une vision de la santé, qui font de la nature un référent indépassable. Être en accord avec la nature est à la fois moyen et fin de la Sagesse. La nature donne l'ordre. Elle est une « mère nature ». Partant, se penser, pour l'homme, *contre* la nature ou en dépit d'elle, imaginer la transgresser ou la *dépasser*, est tout simplement pure folie. L'éducation comme la médecine et l'ensemble des exercices corporels sont conçus dans cette optique : le lien intime et normatif entre le microcosme (l'homme, son corps) et le macrocosme (l'univers, la nature). Les exploits des athlètes ou du coureur de Marathon ne changent rien au principe : s'accomplir (accomplir un potentiel) prévaut sur se dépasser (sous-entendu à l'infini).

Cette conception de la nature, élaborée sur l'arrière-fond de la représentation d'un monde fini, va perdurer jusqu'à la fin du Moyen Âge, puis s'infléchir progressivement à mesure que l'astronomie et la physique admettent l'idée d'infini. La nature se partage, dès lors, non plus en lieux tels qu'Aristote les décrivait, ni en qualités, mais en équations mathématiques. La représentation dominante n'est plus le *géocentrisme*, mais l'*héliocentrisme*, introduisant l'idée d'une mobilité qui influence aussi les représentations de l'homme. La phrase fameuse de Descartes précisant le rôle de la physique (« Se rendre comme maîtres et possesseurs de la nature ») scelle la mainmise de l'homme sur la nature et son appropriation d'elle. Dès lors, il s'agit, pour l'homme non plus seulement d'observer la nature, mais aussi de la transformer, non plus de régler son action sur l'ordre naturel, mais de l'inventer afin de progresser à l'infini. Ces nouvelles valeurs ne pénètrent que tardivement le champ des exercices corporels, encore empreints, à la fin du XVIIe, de la modération préconisée par les médecins. Elles bouleversent, en revanche, au XVIIIe, les théories pédagogiques, entre autres.

L'idée de nature chez Rousseau

Le XVIIIe siècle révèle toute l'ambivalence de l'idée de nature. Alors que pointent les idées nouvelles – contestation de la hiérarchie sociale, des déterminismes sociaux, volonté d'éduquer toutes les classes afin de démocratiser le savoir et les mœurs –, l'influence du rousseauisme place la nature au cœur de l'éducation. L'ouvrage *Émile ou de l'éducation* propose une éducation idéale dans laquelle la vie en plein air et l'apprentissage de la nature tiennent un grand rôle. Des médecins, des précepteurs, des philosophes, parfois resserrés en cercle comme autour de Madame de Genlis, la préceptrice des enfants du duc d'Orléans, élaborent les prémices de l'éducation physique. Il ne s'agit plus de préserver l'enfant du climat, de l'air, de l'eau, de tout danger, mais au contraire de l'aguerrir, de l'endurcir au contact de la nature. Et, si le souci de rectitude corporelle prévaut encore (avec notamment la naissance de l'orthopédie), le désemmaillotage des bébés présuppose la liberté des mouvements et le développement d'une meilleure motricité. L'« accord » avec la nature, si cher aux Anciens, vient ici appuyer les rêves de progrès.

Or, précisément, le « retour à la nature » chez Rousseau est propice au contresens. Rousseau n'a jamais préconisé un retour à la vie sauvage, même s'il se sert de la comparaison avec une vie d'« avant la civilisation » pour pointer les travers de la société corrompue. En réalité, dans l'éducation d'*Émile*, il vise aussi l'accès à la vie sociale, à la culture, à ce qu'il appelle au final une « seconde nature », à savoir la nature rationnelle. Et la volonté de lutter contre ce qui dénature la nature aboutit donc à cette définition de la nature humaine, qui n'est ni animale, ni sauvage, ni archaïque, mais destinée à s'élever par l'éducation. Ainsi, si elle est la réalisation de la nature humaine, l'éducation est aussi « soumission de la nature à une surnature ». Du coup, la philosophie rousseauiste promeut cette idée qu'il est dans la nature (de l'homme) de dépasser la nature. Cette notion de dépassement affleure, en fait, dans toutes les théories de l'époque : dépassement de sa condition sociale, croyance dans le progrès humain en général (infini) et en particulier (perfectibilité de l'existence, de la naissance à la mort). Les théories concernant l'éducation physique s'imprègnent de cette croyance, laissant poindre une autre ambivalence : celle qui partagera entre accomplissement et dépassement, équilibre et excès, santé et performance, les activités physiques futures.

Idée de nature et éducation physique

Au paradigme qui opposait les valeurs antiques de soumission à la nature à celles, modernes, de transformation de la nature ou d'élaboration d'une surnature, se superpose à présent celui des finalités de l'exercice physique. L'éducation physique est la première à illustrer cette interrogation. Au XVIIIe siècle, elle porte en elle les idées de progrès et de perfectionnement de l'humain. Initiée dès le plus jeune âge, cette éducation améliore l'ensemble de l'existence et produit des individus plus aptes, plus résistants, avec une réduction de la mortalité infantile. Au XIXe, prise dans le maelström des entreprises pour rentabiliser le corps (et l'effort), elle est encore, au travers des gymnastiques et de leurs méthodes, tout entière axée sur la performance. Mais l'avènement du sport, au milieu du siècle, et son succès croissant redistribuent les enjeux. Tandis que la spécialisation du geste et l'intensité croissante des entraînements initient la courbe montante des records, que le jeu supplée les gymnastiques austères dans les cours d'école et les gymnases, que l'olympisme renaissant médiatise le sport et le spectacularise, l'éducation physique est sommée, au début du XXe siècle, de repenser ses finalités, sous peine de disparaître.

Sous la plume de Georges Hébert, grand théoricien de la « méthode naturelle » et influent jusque dans les années 1950, l'éducation physique est parée des vertus du travail foncier, de l'équilibre corporel, de l'hygiène et du développement global de l'individu. Ce «retour à la nature» n'évite d'ailleurs pas les ambivalences rousseauistes. Alors qu'il vitupère le sport, Hébert n'en est pas moins préparateur olympique, et le souci d'améliorer la performance anime souterrainement l'éducation physique. Néanmoins, le débat est posé: d'un côté, l'équilibre, de l'autre, l'excès, l'harmonie face à l'hypertrophie musculaire, le mercantilisme du sport d'élite face aux projets pédagogiques. Au passage, la notion de «plein air» et, plus tard, celle de «pleine nature» viennent enrichir la palette des activités physiques, puis des sports. L'air, l'eau, le soleil, la neige sont des environnements propices à la fois à la santé et à l'exercice. Au début des années 1970, ils étaieront le succès social de pratiques alternatives (sports de glisse en particulier) face aux sports de compétition classiques.

La surnature du sport d'élite

Dès lors, un troisième paradigme traverse le sport moderne, principalement illustré par le sport de haut niveau. En effet, le rapport de ce dernier avec la nature rejoint, autant qu'il les illustre, des questions sociales et notamment médicales. Jusqu'où peut aller le corps humain en termes de performances? La performance de haut niveau suppose-t-elle un dopage quasi systématique pour prolonger le processus d'amélioration? Ce dopage est-il définitivement toxique ou trouvera-t-on des formes qui améliorent la performance sans compromettre la santé ou la vie de l'athlète? Comment penser l'artifice qui, aujourd'hui, concerne le matériel sportif ou le dopage, mais aussi les prothèses des sportifs handicapés, lesquelles pourraient un jour apparaître comme des «avantages»? La précocité accrue des athlètes n'engage-t-elle pas à une réflexion morale et juridique sur l'exploitation des enfants? À l'évidence, le sport de haut niveau est emblématique du processus orchestré, depuis le XVIIIe siècle, par la pensée occidentale, pour transformer la nature, voire la contredire autant que la supplémenter, jusqu'à inventer des formes non naturelles d'humanité.

Le sport de haut niveau a, par son succès et sa visibilité, peu à peu estompé l'existence d'«autres sports», d'autres finalités. Sa quête effrénée d'une surnature, au besoin obtenue par le moyen du dopage, porte le soupçon sur sa vocation éducative. Le succès affiché des sports de pleine nature masque la technicisation accrue, et donc l'artificialisation toujours plus grande du sport, y compris dans les pratiques de loisir. Au cœur du sport, comme elle l'était déjà dans l'œuvre de Rousseau, la nature a vocation à être dépassée, modifiée. C'est à ce titre aussi, comme en une vitrine expérimentale, que le sport de haut niveau intéresse, de par les représentations de l'homme qu'il produit. La nature humaine se confronte alors à sa surnature technicisée.

O

OLYMPISME

L'olympisme moderne est à la fois une idéologie, une institution et une entreprise logistique. Il a été conçu par Pierre de Coubertin, à l'initiative de qui s'est réuni, en juin 1894, le Congrès international athlétique de Paris. Le 23 juin 1894 s'est constitué le Comité international olympique (CIO). En 1896 ont eu lieu, à Athènes, les premiers jeux Olympiques de l'ère moderne. Pourquoi « moderne » ? Parce que, bien sûr, la référence de Pierre de Coubertin n'a cessé d'être les jeux Olympiques *antiques*, ceux qui, de 776 av. J.-C. à 393 de notre ère, ont inscrit, dans l'histoire occidentale, la mémoire de compétitions sportives grandioses et rituelles.

À l'image de ces compétitions, Coubertin a rêvé de rassemblement des cités et de trêves dans le vacarme du monde, de rapprochement de toute une jeunesse athlétique et d'idéaux conjuguant, non seulement « l'effort et l'eurythmie », mais aussi la force physique, la vertu morale et, à l'occasion, les qualités intellectuelles et artistiques. Ainsi l'hellénisme est-il la référence première, avec son cortège de héros et de sites légendaires, mais aussi ses concepts fondateurs, l'excellence *(arêtê)*, la combinaison du beau et du bon *(kalokagathia)*, l'alliage de la grandeur et de la mesure. S'est élaboré un mythe dans l'esprit même du fondateur, ainsi que le projet d'une rénovation des Jeux.

Mais Coubertin, dès ses premiers séjours en Angleterre, s'est aussi passionné pour la rénovation de la pédagogie française. Sensible à la morosité nationale consécutive à la défaite de 1871 qui entraîna la chute de l'Empire français, à la critique qui faisait feu contre l'éducation des jeunes gens, sensible aussi au thème du surmenage scolaire, il puise dans sa visite des collèges anglais l'inspiration d'une pédagogie idéale, à l'instar de celle initiée par Thomas Arnold en 1828 à Rugby. Le sport et le «plein air» sont alors au cœur de pratiques fondées sur le *self-government*, l'émulation respectueuse et la volonté de se dépasser. Olympisme et pédagogie se lient durablement dans le projet coubertinien.

Une idéologie

La première force de l'olympisme est son idéologie. D'aucuns diront qu'elle est surannée, une coquille vide, inadaptée au monde d'aujourd'hui, voire pernicieuse. L'idéal de Pierre de Coubertin est à son image, pétri de contradictions. Une certaine idée de la grandeur aristocratique et de l'élégance dans l'effort se conjugue à une réelle volonté de démocratiser le sport, de l'offrir au plus grand nombre. Mais les premiers Jeux excluent les populations de couleur et les femmes. L'avancée dans le siècle voit le succès grandissant du sport, la mixité sociale et culturelle qu'il implique, quand le baron récusait sa valeur de spectacle et la venue des grandes foules.

> **«L'Olympisme est une philosophie de vie, exaltant et combinant en un ensemble équilibré les qualités du corps, de la volonté et de l'esprit. Alliant le sport à la culture et à l'éducation, l'Olympisme se veut créateur d'un style de vie fondé sur la joie dans l'effort, la valeur éducative du bon exemple et le respect des principes éthiques fondamentaux universels.**
>
> **Le but de l'Olympisme est de mettre le sport au service du développement harmonieux de l'homme en vue de promouvoir une société pacifique, soucieuse de préserver la dignité humaine. [...]**

Toute forme de discrimination à l'égard d'un pays ou d'une personne fondée sur des considérations de race, de religion, de politique, de sexe ou autres est incompatible avec l'appartenance au Mouvement olympique. » (CIO, Charte olympique, « *Principes fondamentaux de l'olympisme* », *art. 1, 2 et 5*)

Des phrases qu'on lui prête – comme celle de l'évêque de Pennsylvanie : « L'essentiel, c'est de participer » – entretiennent l'idée d'un sport « amateur » auquel le baron serait resté attaché, et l'institution après lui. Certes, pour Coubertin, le sport n'est ni un métier ni un spectacle, mais un idéal de grandeur désintéressé, un moyen d'élever l'humanité. Toutefois, lui-même aperçoit les enjeux d'un sport devenu « profession » et la nécessité de rétribuer des athlètes y consacrant leur vie. Pourtant, jusqu'à la fin des années 1970, la question de l'amateurisme demeure liée à l'olympisme (jusqu'à l'incarner), et nombre d'athlètes seront sanctionnés pour y avoir dérogé.

Mais la clé de voûte de cette idéologie est sans conteste l'apolitisme du sport. L'olympisme illustre le modèle d'une contre-société vertueuse. Amitié entre les peuples, fraternité dans la rivalité, ni tricherie, ni dopage, ni corruption, une périodicité quasi immuable des compétitions traversant les époques et leurs soubresauts (sauf l'interruption due aux deux guerres mondiales), telles sont les valeurs transmises et revendiquées. Pourtant, Jeux de Berlin en 1936, guerre froide et boycotts successifs, apartheid, attentats de Munich en 1972, droits de l'homme en Chine en 2008, témoignent que la politique ne contourne pas les JO comme un continent préservé.

Une institution

Selon Jean-Marie Brohm et Michel Caillat, auteurs des *Dessous de l'olympisme*, l'institution olympique est « une institution mondiale, fortement hiérarchisée, avec ses filiales, ses organisations nationales, ses publications, ses manifestations, ses traditions, ses rites. Le Comité international olympique, les Comités olympiques nationaux qui travaillent de concert avec les fédérations nationales et internationales, la *Revue olympique*, l'Académie olympique internationale, la solidarité olympique, les diverses associations affinitaires de promotion du sport, etc., constituent un réseau international, une bureaucratie multinationale ou supranationale avec de multiples ramifications en étroit contact avec d'autres organisations internationales, telles l'ONU et l'Unesco».

Si l'institution est sans conteste nécessaire pour uniformiser le discours et assurer la pérennité, on perçoit au premier abord qu'elle est bien une instance *politique*, censée représenter une activité qui prétend ne pas l'être et que c'est probablement la conjonction de cet apolitisme de principe et de cette politisation de fait qui assure le succès pérenne de l'olympisme. En réalité, la question que pose l'institution olympique est celle du statut de la *neutralité* dans le contexte géopolitique d'aujourd'hui. Donne-t-elle du pouvoir et lequel? En prive-t-elle au contraire, n'ayant pas de nationalité (c'est-à-dire d'État) ni de gouvernement au pouvoir effectif?

«Le Mouvement olympique est l'action concertée, organisée, universelle et permanente, exercée sous l'autorité suprême du CIO, de tous les individus et entités inspirés par les valeurs de l'Olympisme. Elle s'étend aux cinq continents. Elle atteint son point culminant lors du rassemblement des athlètes du monde au grand festival du sport que sont les jeux Olympiques. Son symbole est constitué de cinq anneaux entrelacés.» (CIO, Charte olympique, *«Principes fondamentaux de l'olympisme», art. 3*)

L'institution olympique joue le rôle d'une caution morale, d'une instance au-dessus des partis. Pourtant, les choix qu'elle effectue, par exemple dans l'attribution des JO à un pays, sont inévitablement des choix politiques. Les considérations économiques sont déterminantes, ce qui revient au même, dépassant même celles des droits de l'homme, comme il en fut le cas à Pékin. En réalité, on n'en finit pas de confronter l'olympisme à ses contradictions. Ce qui oblige à considérer son succès à la lumière non seulement de la superstructure qu'est devenue son institution, mais aussi de son assise économique.

Une entreprise logistique

L'olympisme structure l'organisation mondiale du sport. Hormis quelques grands sports professionnels (Formule 1, golf, sports américains, rugby), peu échappent à son emprise, à la diffusion de ses valeurs, à une chronologie (l'olympiade) qui rythme l'imaginaire collectif. Certains sports ne semblent exister que par les JO et révèlent des champions dont la rareté de la médiatisation ajoute au prestige des titres conquis. L'enjeu économique s'est imposé, et la surenchère de l'offre par des pays pour lesquels l'accueil des Jeux représente une manne financière, mais aussi un prestige international et politique, donne lieu à une concurrence sévère, comme le « match » Paris/Londres pour l'attribution des JO de 2012.

> **« Les jeux Olympiques sont la propriété exclusive du CIO, qui est titulaire de tous les droits et de toutes les données s'y rapportant, notamment, et sans restriction, tous les droits relatifs à leur organisation, exploitation, retransmission, enregistrement, représentation, reproduction, accès et diffusion, quelle qu'en soit la forme et par quelque moyen ou mécanisme que ce soit, existant ou à venir. Le CIO fixera les conditions d'accès et d'utilisation des données relatives aux jeux Olympiques et aux compétitions et prestations sportives intervenues dans le cadre de ces Jeux.**
>
> **Le symbole olympique, le drapeau, la devise, l'hymne, les identifications (y compris, mais sans s'y restreindre, «jeux Olympiques» et «Jeux de l'Olympiade»), les désignations, les emblèmes, la flamme et les flambeaux (ou les torches) olympiques,**

tels que définis aux règles 8-14 ci-dessous, seront, collectivement ou individuellement, désignés comme «propriétés olympiques». L'ensemble des droits sur toutes ou chacune des propriétés olympiques, ainsi que tous les droits d'usage y relatifs, sont la propriété exclusive du CIO, y compris, mais sans s'y restreindre, en ce qui concerne leur usage à des fins lucratives, commerciales ou publicitaires. Le CIO peut céder une licence sur tout ou partie de ses droits aux termes et conditions fixés par la commission exécutive du CIO.» (CIO, *«Droit sur les jeux Olympiques et les propriétés olympiques», art. 1 et 2*)

Aussi ne peut-on faire abstraction de chiffres, dont la démesure même confine à l'abstraction. 26 milliards d'euros, le coût total des Jeux de Pékin en 2008, contre 9,6 milliards pour ceux d'Athènes en 2004, 2 millions de visiteurs, 842 millions de Chinois devant leur téléviseur pour la cérémonie d'ouverture, 211 millions de téléspectateurs américains, 100 000 policiers soutenus par 600 000 volontaires et 10 500 athlètes toutes compétitions confondues, réparties sur 37 sites. La conception coubertinienne de stades ne devant pas accueillir plus de 10 000 spectateurs est évidemment dépassée, et de loin. «Olympisme» rime aujourd'hui avec «gigantisme».

D'où le poids politique, on y revient, d'une telle institution. Alors qu'il était évoqué un possible boycott des athlètes en raison des événements du Tibet, ou encore des chefs d'État lors de la cérémonie d'ouverture, personne n'a évoqué un boycott économique des JO de Pékin. La Chine voulait prouver qu'elle est aujourd'hui la plus grande puissance économique au monde, elle l'a fait aussi en gagnant le plus grand nombre de médailles. Quant aux options du CIO, qui consistaient à attribuer les Jeux à la Chine «pour améliorer la situation des droits de l'homme», elles attendent évidemment d'être confirmées.

Alors que l'olympisme perdure malgré les critiques qui lui sont adressées – et en particulier celles liées au mercantilisme et à l'exploitation des athlètes –, laissons à Pierre de Coubertin, qui évoque une «Charte de la réforme sportive» dans ses *Mémoires olympiques*, un mot de la fin empreint d'idéalisme. Nous sommes en 1930. «Ce que l'on reproche au sport se ramène à trois sortes de griefs: surmenage physique; contribution au recul intellectuel; diffusion de l'esprit mercantile et de l'amour du gain. On ne peut nier l'existence de ces maux, mais les sportifs n'en sont pas responsables. Les coupables sont: les parents, les maîtres, les pouvoirs publics et, accessoirement, les dirigeants de fédérations et la presse.» On ne saurait mieux évoquer le rêve d'une «contre-société» innocente.

P

PÉDAGOGIE

« L'homme ne peut devenir homme que par l'éducation. Il n'est que ce que l'éducation fait de lui. Il faut bien remarquer que l'homme n'est éduqué que par des hommes et par des hommes qui ont été également éduqués. [...] Ordinairement, les parents élèvent leurs enfants seulement en vue de les adapter au monde actuel, si corrompu soit-il. Ils devraient bien plutôt leur donner une éducation meilleure, afin qu'un meilleur état pût en sortir dans l'avenir. Toutefois, deux obstacles se présentent ici : 1) Ordinairement les parents ne se soucient que d'une chose : que leurs enfants réussissent bien dans le monde, et 2) les princes ne considèrent leurs sujets que comme des instruments pour leurs desseins. [...] Mais de qui faut-il attendre un meilleur état du monde ? Est-ce des princes ou des sujets ? » (Emmanuel Kant, *Réflexions sur l'éducation*)

Depuis l'Antiquité...

Dès l'origine, les activités physiques ont été incluses dans l'éducation des enfants. Reste à savoir, d'une part, si leurs finalités étaient réellement pédagogiques, d'autre part, si l'on peut considérer que ces activités étaient bel et bien du sport. L'Antiquité ne perçoit pas l'enfance au sens moderne du terme. S'il existe des pédagogues (souvent des esclaves prenant en charge la totalité des soins de l'enfant) et des maîtres d'école ou de gymnastique, l'éducation physique reste subsumée sous des finalités extérieures : des paradigmes métaphysiques, la formation militaire, la santé, la citoyenneté. La pédagogie reste sommairement consacrée à faire de l'enfant au plus vite un adulte, à lui imposer des apprentissages intellectuels fastidieux et, s'il le faut, par la force. L'exercice physique est une distraction, empreinte d'une culture qui se déploie dans les gymnases et les thermes, une culture du corps dont la vocation n'est pas pédagogique.

Le Moyen Âge chrétien abandonne cette culture du corps pour lui substituer un déni du corps, marqué par le péché originel. Au mieux, un entretien minimum de soi rappelle que le corps est un don divin, tout comme l'âme, et qu'il faut, à travers lui, respecter notre condition d'homme. Mais l'éducation dispensée dans les monastères demeure une éducation intellectuelle que ne vient infléchir aucune considération pour le développement physique et moteur d'un enfant dont on ignore presque tout. À peine les jésuites introduiront-ils à compter du XVIe siècle quelques récréations dans une longue journée d'apprentissages intellectuels et une éducation par le jeu comprenant exercices physiques et théâtre. Au XVIIe siècle, aiguillonnée par les trois minorités royales que connaît la France avec Louis XIII, Louis XIV et Louis XV et par les initiatives de grands éducateurs, la prise en compte de l'enfance se précise et, avec elle, une pédagogie.

Cette pédagogie s'affirme avec force au XVIIIe siècle, assortie d'une éducation physique naissante, dont les enjeux sont philosophiques et politiques : perfectibilité et égalité des hommes. Le rousseauisme essaime, et la considération d'un enfant mieux connu, mieux soigné, dont le développement psychologique et moteur dévoile ses spécificités, stimule l'œuvre de théoriciens. Pédagogie et médecine se disputent alors les finalités d'une éducation physique qui est encore éducation corporelle ou médicinale. Au XIXe siècle, les gymnastiques répondront encore longtemps à des exigences militaires et médicales, tandis que l'essor des techniques et des statistiques donne au développement corporel de nouveaux enjeux, rentabilité et performance notamment. Alors que les méthodes se disputent le champ scolaire, le succès croissant du sport rebat les cartes des systèmes éducatifs. Le *jeu sportif* devient alors méthode d'éducation.

... jusqu'à aujourd'hui

Le sport apparaît, dans le courant du XIXe siècle, comme un *projet pédagogique*. L'expérience menée dans les collèges anglais aiguillonne, chez Pierre de Coubertin, la volonté de le placer à la fois au cœur de l'éducation scolaire et au centre d'un projet mondial de rassemblement des peuples, la rénovation des jeux Olympiques. Le sport prend alors sa forme moderne, restrictive par rapport à l'ensemble des exercices physiques : être un jeu, une formation, une éducation. Sa forme compétitive, toutefois, consubstantielle à sa définition scolaire et sociale, lance, au début du XXe siècle, le débat sur les finalités. Le sport de compétition, qui devient, dans la deuxième partie du siècle, sport de haut niveau, exige des entraînements de plus en plus intensifs, la spécialisation du geste, le culte de la performance. Il se distingue de l'éducation physique, qui maintient le projet d'une éducation « globale », hygiéniste et équilibrée de l'individu.

Telle est alors la bipolarité, incarnée dans l'appellation « éducation physique et sportive » (EPS), qui attise les conflits idéologiques tout au long du XXe siècle. L'EPS partage jusqu'au temps scolaire une éducation incluant d'une part les apprentissages moteurs, l'hygiène, l'éducation à la citoyenneté, la lutte contre la violence, etc., et d'autre part la recherche de la performance chiffrée, le record sportif. La réalité est souvent un mixte des deux, mais l'« option sport au lycée » ou les compétitions UNSS (Union nationale du sport scolaire) se déroulant hors du temps scolaire rappellent qu'une spécificité sportive, axée sur la compétition et le dépassement de soi, existe au sein de ces enseignements. En outre, d'autres interrogations, non négligeables, traversent la discipline : qu'éduque-t-on en EPS ? Âme et corps, ou corps seulement, et selon quelles représentations philosophiques ? Qu'évalue-t-on ? La performance ? Le corps, doué ou pas « naturellement » ?

Le succès du sport est aussi emprise sémantique. Semble-t-il, aujourd'hui, « tout » est sport. Du coup, le « faire du sport » de la recommandation médicale dominante est, en réalité, « faire de l'exercice ». De même, les « dérives » du sport de haut niveau retentissent sur l'image du sport. « Faut-il faire faire du sport à ses enfants, de la compétition ? » se demandent des parents soucieux de l'excès, de la démesure, de pratiques contraires à la santé qui sont, en définitive, celles du sport de haut niveau. Aussi la pédagogie sportive pâtit-elle à la fois de l'absorption sémantique qui mêle dans le « sport » le jardinage et le roller, la danse et le vélo d'appartement, et de l'indistinction entre sport de masse et sport de haut niveau, oubliant de spécifier qu'il y a une éducation physique et un sport scolaire, ainsi que de multiples « exercices physiques » pouvant enrichir la pédagogie.

La question centrale, au fond, est celle des « bienfaits » du sport. Là encore, c'est le *sport* de haut niveau qui, par sa représentativité sociale, son symbolisme politique, sa spectacularisation et sa médiatisation tend à incarner les « valeurs » du sport, tout autant d'ailleurs qu'il contribue à poser, concernant des aspects sociaux et médicaux, les questions les plus intéressantes. Mais les « valeurs pédagogiques » du sport ne se résument pas aux cadres interprétatifs du sport de haut niveau. Un sport éducatif est possible, qui sache percevoir et limiter les excès, contribuer à la formation individuelle, y compris par le biais de la compétition, stimuler dans la rivalité avec autrui, avec les éléments, avec soi-même, le goût de l'effort et du dépassement de soi, tirer parti, enfin, de l'expérience des victoires et des défaites. Ce sport doit pouvoir garder place, semble-t-il (encore faudrait-il qu'on la lui réserve institutionnellement) dans la pédagogie.

PISTORIUS (OSCAR)

Oscar Pistorius est un athlète sud-africain né sans péronés et amputé des deux pieds à l'âge de onze mois, qui court avec des prothèses en carbone spécialement conçues pour la compétition. Il s'est spécialisé dans le 100 m, le 200 m et le 400 m. Et c'est en particulier pour cette dernière distance que, s'approchant des *minima* olympiques (ceux des valides), il avait fait la demande auprès de l'Association internationale des fédérations d'athlétisme (IAAF) de concourir aux JO de Pékin s'il répondait aux critères de sélection. Cette autorisation lui a été refusée début 2008 au motif que ses prothèses constituaient un « avantage ». Elle lui a finalement été accordée après recours en mai 2008. Or, pour 70 centièmes de seconde, Pistorius a échoué dans sa tentative et n'a donc pas participé aux JO. En revanche, il a glané, lors des jeux Paralympiques, la médaille d'or du 100 m, du 200 m et du 400 m.

En l'espèce, la question est: qu'est-ce qu'un avantage? Les experts mandatés par l'IAAF ont établi que les fines prothèses en fibre de carbone utilisées par Pistorius lui procuraient un avantage sur les athlètes valides. Il a d'ailleurs aussi été dit (paradoxalement) qu'elles lui en procuraient un sur les handicapés. Soit. En entamant une réflexion sur les « avantages » dont pourrait bénéficier Pistorius avec ses prothèses et en rendant une telle décision, l'IAAF a (enfin) élargi la question du dopage au rapport entre la nature et l'artifice dans les activités humaines. Car la crispation de l'actuelle lutte anti-dopage sur les deux seuls arguments de la santé et de la règle (« le dopage tue et il est une tricherie ») ne permettait pas, jusqu'à présent, d'envisager d'autres formes de dopage: dopage génétique, prothèses, usage des nanotechnologies par le biais de puces électroniques, et avec elles d'autres questions et, sans doute, d'autres législations.

La question de l'artifice est complexe, car, en réalité, « tout » dans le sport est « artificiel », le stade, la piscine, les chaussures, les skis, les vélos, les raquettes et les matériaux dont ils sont faits, tout autant que les savoirs médicaux ou sportifs qui permettent d'améliorer la performance. Avec des conséquences évidemment distinctes sur la santé des athlètes, la selle de vélo, le casque profilé, la combinaison de natation ou toute autre innovation technique, biomécanique, physiologique, diététique ou même psychologique, ne s'inscrivent-ils pas dans cette recherche de performance, de dépassement de soi, qui est de fait une recherche d'« avantages » ? Le « sport naturel » n'existe pas et, en tranchant de manière contradictoire sur l'avantage supposé de Pistorius grâce à ses prothèses, l'IAAF a à la fois ouvert un débat nécessaire et créé un vertigineux précédent.

Car, avant Pistorius, Marlon Shirley avait, aux JO de Sydney, déjà couru un 100 m en 11 secondes et sauté 2 mètres en hauteur, laissant entrevoir que la question devait se poser de la limite du corps humain « naturel » et de l'avantage « artificiel » procuré par les prothèses. Le dopage se présente sous un jour nouveau : il ne concerne plus (ou plus seulement) les athlètes drogués, mais les athlètes appareillés dont l'*exo*squelette serait mis hors jeu, tandis que se préparent des corps *éso*plastiques, aux gènes modifiés. Laisser courir Pistorius, c'est ouvrir la boîte de Pandore aux cyborgs du sport. Lui interdire de courir, c'est nier l'essence du sport de haut niveau dans son artificialité intrinsèque. D'ores et déjà, d'autres sportifs appareillés (un appareil auditif, une prothèse manuelle) approchent des performances des valides. Il est à prévoir que les notions d'« avantage » ou de tricherie ne suffiseront pas longtemps au débat.

Le sport d'élite est l'emblème d'une recherche d'amélioration de la performance qui s'accélère dans notre société technique. Si le sport était une activité « comme une autre » (le monde du travail ou le show-business), on se moquerait de savoir si

Pistorius performe avec ou sans prothèse. D'ailleurs, les progrès en la matière ne cessent d'offrir de nouvelles images ou fonctionnalités du corps. Mais l'histoire du sport est attachée au mythe d'une pureté souvent confondue avec la santé ou le naturel. Notions équivoques. Le sport est sans doute le seul domaine social qui exige une traçabilité de la performance, articulée ici sur une conception erronée de l'artifice. C'est ce qui fait qu'il n'est pas (ou pas encore) exclusivement un spectacle, sinon le catch ou le cirque seraient du sport. C'est ce qui fonde la valeur de la règle qui structure le sport. Toutefois, Oscar Pistorius illustre (avant d'autres) un débat qui, bien au-delà de la règle sportive, interroge les limites mêmes du corps et de la nature humaine.

POLITIQUE

Éternel débat : le sport a-t-il une valeur politique, est-il politique ? Dans les années 1970, le sociologue Jean-Marie Brohm lançait une violente attaque contre le sport (en réalité, le sport de haut niveau) qui ne s'est pas démentie depuis et relevait d'un cadre d'analyse marxiste. Issu des valeurs aristocratiques et bourgeoises de l'Angleterre industrielle et de ses principes d'exploitation de la force humaine, bercé (ou berné) par le « mythe olympique », le sport moderne de compétition serait le lieu privilégié (si ce n'est le ferment) d'expression de formes de domination. Ses principes d'affrontement, son exclusion symbolique ou réelle des vaincus, son exaltation des hymnes et des nationalismes, son culte de la virilité musculaire et violente, l'extraordinaire incarnation du capitalisme triomphant qu'il est devenu, complètent une description et une critique qui se voulaient totales (on ne peut s'empêcher de penser « totalitaires ») du sport. Le coubertinisme, au passage, se voyait épinglé sous son plus mauvais jour : racisme, misogynie, sympathies fascistes, etc.

Par là se dessinaient les contours d'une contre-idéologie face à l'idéologie dominante: le sport vecteur d'éducation, de santé, de moralité, de paix entre les peuples, etc. Le «ciment social» incarné par le sport se fissurait à l'aune des dérives d'un sport de haut niveau en train de se professionnaliser à outrance et révélant à cette occasion ce que Brohm pense être sa structure propre, celle d'une exploitation de l'homme par l'homme à des fins strictement économiques. Et, de fait, les réalités ou dangers énoncés, en particulier concernant l'intensité des entraînements, le dopage et l'exploitation de plus en plus précoce des enfants, tendent à donner raison à l'auteur, tout du moins sur le constat. En somme, il s'agissait pour Brohm, et d'autres après lui, de changer l'image du sport, de passer de l'activité de patronage à l'activité capitaliste, où la concurrence fait rage avec tous ses effets. En ce sens, reconnaissons-lui d'avoir jeté une lumière vive sur un certain nombre de conditions et d'évolutions du sport-spectacle.

Y a-t-il un seul sport ?

Néanmoins, le cœur de cette analyse repose sur deux présupposés discutables: le premier, il n'y a qu'un sport; le second, le sport engendre lui-même ses significations politiques. Tout en lorgnant d'un œil qui se voudrait nostalgique ou prescriptif sur un «autre» sport ou sur celui qui pourrait redonner place à l'éducation physique ou à la solidarité dans la compétition sportive, Brohm pense en réalité que le sport est le sport de haut niveau, voire l'olympisme, sans autre alternative à ses «perversions».

> **«Il n'y a pas plusieurs sports: un qui serait bon, idéal, pur, d'un côté, et un autre qui serait mauvais, perverti, déviationniste, de l'autre. Il n'y a qu'un seul sport, à l'Est comme à l'Ouest, chez les «amateurs» comme chez les professionnels, aux échelons inférieurs comme aux sommets de la compétition. Tout se tient, tout s'interpénètre» (in *les Dessous de l'olympisme*).**

Par suite, le sport, confondu avec les principales institutions qui le dirigent, serait un monolithe sécrétant ce qui n'est même pas des «dérives», mais des «conséquences», détestables et aliénantes.

Sur ce premier point, nous pensons au contraire qu'il n'y a pas *un* sport, mais *plusieurs*, non pas une seule manière de faire du sport, mais de multiples, de même qu'il y a plusieurs sphères qui, certes, peuvent s'interpénétrer, mais également demeurer indépendantes. Le sport de haut niveau, en particulier, constitue, depuis la deuxième moitié du XXe siècle, une sphère qui n'a cessé de s'autonomiser, de créer ses fonctionnements propres, ses règles, son calendrier, ses institutions, son économie. Sans doute sans étanchéité: ni à ses ramifications avec le sport de masse ni aux affres du monde extérieur et aux problèmes géopolitiques internationaux. Mais ses paradigmes se démarquent de plus en plus radicalement de ceux du sport de masse. Ce qui ne veut pas dire que l'image du premier n'influe pas sur le second, ni ne sert de «modèle» (en «bien» ou en «mal») au grand public et en particulier aux enfants. Mais un «autre sport» est possible, pour le jeu, le loisir, la santé ou la pédagogie, les finalités du sport étant affaire de choix.

Cette option suppose non pas que la pratique du sport ne vaille pas pour elle-même, mais que les fins du sport, tout comme ses significations, soient *hors* du sport. De même que Jacques Ulmann précise qu'une pédagogie présuppose, en amont, des orientations, par exemple philosophiques, de même la pratique du sport dépend de ce qu'on veut en faire. Autrement dit, le sport n'est pas – même si certains aspects du sport de haut niveau peuvent en donner l'impression – un bateau ivre et sans gouvernail, une «structure auto-générée» rebondissant de perversions en maléfices, et se démultipliant à l'infini de sa nocivité, mais au contraire, effectivement, un schème assez simple, qu'on peut utiliser pour des fins diverses. Il faut donc dédiaboliser le sport. La multiplication des sports depuis quarante ans, avec des pratiques de glisse, d'aventure, de pleine nature ou urbaines, l'exhortation médicale à «bouger, c'est la santé», l'EPS scolaire, donnent les pistes d'une alternative aux stéréotypes touchant le sport d'élite.

Le sport engendre-t-il son sens politique ?

Il n'en reste pas moins que ce qui donne à penser, c'est le sport de haut niveau. La raison première en est ses excès (donc ses *symptômes*) et parce qu'il figure des tensions sociales, des questions médicales à venir, en particulier celles touchant à la technicisation du corps. D'où la seconde question, celle de savoir si le sport génère de lui-même ses significations politiques, s'il a un sens politique et, par voie de conséquence, s'il est à l'origine de problèmes tels que le racisme ou la violence, par exemple, qui envahissent les stades. Dans le courant des années 1980, un certain nombre d'auteurs ont évoqué le rôle du sport comme contre-société vertueuse et, en particulier, comme schème démocratique. Au cœur des affrontements Est-Ouest par sportifs interposés, une troisième voie d'analyse se dessinait ainsi, après l'idéalisme moralisateur de Coubertin et la dénonciation de l'exploitation communiste ou capitaliste des sportifs d'État : celle de la spécificité de la règle au cœur du sport et des valeurs qu'on lui accorde.

Ainsi Alain Ehrenberg montre-t-il que le sport fait l'objet d'une projection idéalisée des idéaux démocratiques, réconciliant démocratie de principe («tous égaux») et aristocratie de fait («seul le meilleur gagne»). Le sport permet également la mise en scène d'une concurrence sanctionnée par la justice, sorte d'exception sociale. Dans son ouvrage *Sur le sport*, Yves Vargas insiste sur le rôle d'épure des fonctionnements sociopolitiques que joue le sport, en créant les conditions de cadres réglementés (la compétition) qui simplifient à l'extrême les schémas de la rivalité ou de l'exercice du droit. Sur le modèle du juridisme des Lumières, le sport met en exergue la notion de «contrat» et, avec elle, une forme de légitimité idéale : du résultat, de la sanction, comme de la croyance en le progrès de la performance humaine. Georges Vigarello, enfin, avance l'idée d'une partition de l'espace-temps social entre travail et loisir, qui, à compter du XIXe siècle et associée aux idéaux pédagogiques initiaux, créerait l'illusion d'une contre-société, en négatif de la société réelle.

Ce qu'éclairent ces analyses, c'est, d'une part, la possibilité pour le sport de figurer la démocratie (notions de contrat, droit, arbitrage, égalité des chances, etc.) – et même si cette figuration est un leurre –, mais c'est plus encore cette capacité que Vargas résume en une formule : être «une machine à faire penser». Ainsi le sport n'aurait pas d'appartenance, de droite, de gauche, bourgeoise, communiste, capitaliste. Certes, son histoire en crée, d'une certaine manière, la structure et le sens, mais pas comme un déterminisme immuable. La plasticité et l'évolution des pratiques en 150 ans, l'éclatement des modes compétitifs malgré les institutions dominantes, l'interculturalité qui le caractérise à présent, inviteraient plutôt à le penser par cercles concentriques, parfois par «niches», malgré, encore une fois, l'omnipotence des grandes organisations internationales. Autrement dit, l'universalité du sport, phénomène du XXe siècle et que conforte sa médiatisation, n'entraînerait pas nécessairement sa constitution monolithique.

Plus encore, le sport n'aurait pas de capacité à générer son propre sens. Contre une certaine opinion universitaire, le sport ne produit pas de théorie.

> **« Le sport, pris comme objet autonome, artificiellement distancé des conditions sociales et historiques qui le supportent, n'a guère de profondeur : la profondeur du sport tient à ses mythes populaires [...] que l'Université ne peut intégrer sans déchoir dans le vulgaire. La théorie du sport se doit de chasser les scories moralistes ou héroïques qui s'accrochent à la vision naïve du sport, mais dégonflé**

de ses mythes naïfs et séparé de son volume historique, le sport théorique est menacé de maigreur famélique, la peau sur les os, le spectacle sur la règle» (in *Sur le sport*, Yves Vargas).

Le sport est produit par ses conditions sociales et historiques, mais son commentaire est tautologique et sa fiction quasi absente. Ses scénarios simples, sa capacité identificatoire et son spectacle favorisent une capacité d'absorption du social et de recyclage de certains de ses traits (violence, racisme, mercantilisme, idolâtrie profane, etc.).

Reste à savoir quelle est l'armature de cette figuration : cette armature, c'est la *règle*. Vargas rappelle que la règle fonde ontologiquement le sport plus encore que la loi ne crée la société. Ehrenberg avance que la règle sportive et sa supposée transparence légitiment une méritocratie implacable. Vigarello montre la force mythique de la règle et comment elle crée l'illusion d'autonomie du sport. La règle incarne le contractualisme réussi, l'ascension sociale qui fonctionnerait, l'arbitrage tout-puissant. Elle sert ainsi d'épure à un idéal démocratique qui trouverait dans la traçabilité de la performance, dans l'égalité des chances et l'universalité, sa réalisation. Arrimée sur ses valeurs de santé et de pureté, la contre-société sportive s'imagine une vertu que n'aurait pas reniée Coubertin. En réalité, là aussi, le sens du sport est hors du sport, car la société démocratique utilise le schème sportif pour servir ses valeurs, d'autant plus lorsqu'elle peine elle-même à les assumer.

Le sport est un jeu. Il prend les sens qu'on donne à un jeu, à travers des règles qui le fondent. Autour de ce jeu s'est constituée une activité sociale de grande ampleur, qui, comme toute activité sociale, a valeur politique. En ce sens, de par sa présence (si ce n'est son omniprésence dans le champ social), le sport *est* politique. Mais il a aussi une valeur de schème primordiale : le primat de la règle a valeur masquante et fantasmatique ;

des systèmes politiques différents, des projections et idéalisations se lient à l'histoire d'une activité pétrie d'imaginaire. Dépendant de ses contextes, le sport leur sert aussi de laboratoire. Au XIXe siècle, le rendement de la force de travail se testait dans les gymnastiques. Les nationalismes y voyaient un facteur d'ordre. Au XXIe, la spectacularisation du sport entraîne intérêts financiers et enjeux politiques. L'intensification des entraînements interroge droits de l'homme et droits de l'enfant, dopage et exosquelettes les contours de la nature humaine. Le sport, enfin, est traversé par des violences qui reflètent le social. Il *n'invente* ni ne *produit* la violence, le racisme, la corruption. Mais, quand se joue une *catharsis* à l'échelle mondiale, il leur sert parfois de théâtre. Ainsi le sport est bien politique, mais ses significations, dont les significations politiques, sont à trouver *hors du sport.*

R

RISQUE

«Le sport est le culte volontaire et habituel de l'exercice musculaire intensif incité par le désir du progrès et ne craignant pas d'aller jusqu'au risque.» (Pierre de Coubertin, *Pédagogie sportive*)

Au-delà de la médiatisation des sports à risque («sports extrêmes», «sports de glisse», «sports d'aventure», parfois les mêmes), il y a une légitimité à penser que toute pratique sportive de haut niveau comporte des risques, liés au caractère «hors normes» des performances effectuées (blessures, déséquilibres identitaires, reconversions sociales hypothétiques), dont les effets du dopage ne sont à ce titre qu'un cas particulier. Risque de l'excès, du déséquilibre couru par qui tend à l' «exceptionnelle excellence». Risque de la démesure menaçant toute quête d'excellence sportive et opposant le «mieux» au «bien».

Sujet à la fameuse «pression», le champion met en jeu, dans la compétition (mais il en va de même pour toute performance «sociale»), une part importante d'aspirations personnelles. Ainsi, pénétrer sur le court central de Roland-Garros pour y jouer une finale devant 15 000 spectateurs ou sur un stade olympique pour y courir le 100 m comporte des «risques», eu égard aux investissements subjectifs et objectifs supposés. Ces risques sont, évidemment, de nature différente de ceux pris par exemple en Formule 1, à savoir (heureusement de moins en moins) un risque vital, quand, en tennis, le risque est plutôt d'ordre psychologique, voire économique.

La prise de risque va du dépassement de soi à la quête d'un jugement ordalique. Vie et mort sont alors éprouvées, autant sur le plan symbolique (l'expression « rester vivant », tant qu'on n'a pas perdu le match) que sur le plan de la réalité concrète (sa propre mise en danger physique). Parmi les facteurs favorisant la prise de risque, David Le Breton, anthropologue, a pointé en particulier, dans son ouvrage intitulé *Passions du risque*, des sociétés sécuritaires ne fournissant plus à leurs « cols blancs » ou à leurs « jeunes » les moyens de « s'éprouver », de « se sentir physiquement et psychiquement en vie » dans un quotidien aseptisé, d'où le succès des sports à risques ou des pratiques extrêmes, dont les addictions.

Le risque apparaît alors en lieu et place de mises en danger traditionnelles : la guerre, la dureté physique des travaux agricoles ou en usine. Des pratiques comme le saut à l'élastique, le parapente, le canyoning ou de nouveaux raids aventureux ont connu un réel succès ces dernières années chez des populations le plus souvent urbaines. Elles s'ajoutent aux sports à risques plus classiques comme les sports mécaniques, par exemple. Elles témoignent d'un affrontement nécessaire au danger et à la mort, aux sensations fortes, dans le but d'éprouver la densité de l'existence.

Dans le cas du dopage, la prise de risque avive la question de la liberté individuelle. Les champions sont confrontés à cette réalisation de soi qu'on appelle la *gloire*. Et à son prix. L'alternative est bien connue : soit une vie, une carrière glorieuses, mais courtes, parce qu'amputées par la maladie et la mort (accidents vasculaires, crises cardiaques, cancers) ; soit une vie, une carrière médiocres, mais prolongées par le soin constant de soi, la modération, la mesure, avec le déplaisir possible d'avoir vieilli sans accomplir une performance marquante. La gloire ou la vie longue, mais sans trophée : tel est le « choix d'Achille ».

En outre, pour un sportif en pleine force de l'âge ou pour un adolescent sportif de haut niveau, à peine sorti des limbes des centres d'entraînement et de l'expérimentation quotidienne de sa force, la notion de risque ne peut avoir la même teneur que pour un individu ordinaire, moyennement connaisseur de son corps, moyennement performant et peut-être pas sportif du tout. L'expérience de la compétition, le développement musculaire, la familiarité avec des sensations fortes, renforcent, chez le sportif, des qualités propres à la jeunesse et notamment la croyance en une certaine immortalité. D'autant que, comme le précise David Le Breton :

> **« [...] la jeunesse est associée à la bravoure, à l'idéalisme (...(. Les jeunes ne possèdent pas de la mort la vision fatale et irréversible qui est celle de leurs aînés. Chacun d'eux a tendance à se sentir "spécial", différent des autres, hors de la loi commune. Encore vague à leurs yeux, la mort ne saurait les atteindre. Parallèlement, ils la testent, jouent avec elle comme avec une partenaire dangereuse, mais susceptible d'apporter l'estime de soi à qui l'affronte les yeux ouverts. Le narcissisme adolescent engendre un sentiment paradoxal d'invulnérabilité et de fragilité. »**

La lutte anti-dopage se heurte donc (aussi) à l'opacité que constitue, chez un adolescent, la représentation de sa propre mort. Une résistance perdure, dont il n'est pas sûr d'ailleurs qu'elle soit levée chez des sportifs plus âgés, tant la réussite sportive est susceptible de les conforter dans ce sentiment d'immortalité, tant la pression socio-économique qui s'exerce sur eux est un engrenage dont ils ne maîtrisent plus les rouages. Si le risque fait logiquement partie intégrante du sport de haut niveau, alors « pourquoi pas le dopage », risque ramené au rang d'autres, dont ceux, conjugués chez certains, que le sport et la vie ont déjà rassemblés ?

S

SANTÉ

> **« La santé est une façon d'aborder l'existence en se sentant non seulement possesseur ou porteur mais aussi au besoin créateur de valeur, instaurateur de normes vitales. De là cette séduction exercée encore aujourd'hui sur nos esprits par l'image de l'athlète, séduction dont l'engouement contemporain pour un sport rationalisé ne nous paraît qu'une affligeante caricature. » (Georges Canguilhem, *le Normal et le Pathologique*)**

L'assimilation entre « sport » et « santé » a fait florès. Le slogan « Bouger, c'est la santé ! » et le programme national Nutrition Santé (2006-2010) « www.mangerbouger.fr » identifient actuellement dans les médias les recommandations de l'Institut national pour l'éducation et la santé (Inpes). L'allongement de la durée de vie et l'évitement de certaines maladies – comme le diabète, les maladies cardio-vasculaires, l'hypercholestérolémie, l'obésité, le cancer du sein, l'ostéoporose, la dépression nerveuse – supposent la pratique régulière d'une activité physique, qualifiée par généralité de « sport ». Cette assimilation s'inscrit dans la longue histoire de la préconisation de l'exercice, de la gymnastique, de l'éducation physique ou du sport à fins hygiénistes. Elle interroge toutefois la distorsion qui s'opère entre sport de haut niveau et sport de masse, pratiques intensives et pratiques de loisir, jusqu'à l'antinomie. Elle témoigne, enfin, de la prise en charge de soi et d'un corps « produit » selon un paradigme « médico-sportif », « révolution du corps » de la société occidentale contemporaine.

La préconisation hygiéniste de l'exercice remonte, en Occident, aux origines hippocratiques. Elle se prolonge avec Galien, au IIe siècle de notre ère, définissant une lignée qui influence jusqu'à la fin du Moyen Âge. La question est alors d'accorder le corps avec ses potentialités et équilibre propres, c'est-à-dire avec la nature. Il faut attendre, cependant, le XVIIIe siècle, pour que des « éducations physiques » apparaissent et, avec elles, non pas seulement l'idée de prévenir et de restaurer la santé, mais celle de cultiver l'humain. La « rectitude corporelle » atteste la santé physique et morale. La perfectibilité de l'esprit, du corps ou de l'espèce est au cœur de méthodes qui se sophistiquent au XIXe siècle et accompagnent une réflexion plus générale sur l'hygiène urbaine, la qualité de l'air, de l'eau, etc. Nul ne doute alors de l'effet bénéfique de l'exercice physique, puis bientôt du « plein air », sur une santé que par ailleurs la médecine maîtrise de mieux en mieux, à la charnière des XIXe et XXe siècles.

L'apparition du sport, à la fin du XIXe siècle, en institutionnalisant à la fois le jeu et la compétition, a érigé la quête de records en système de pensée. Au progrès général de l'espèce humaine que visaient les gymnastiques se substitue un progrès chiffrable, évolutionniste dans sa linéarité, qui suggère la sollicitation de tous les moyens techniques et médicaux à disposition. Un hiatus s'opère, dès lors, entre éducation physique et sport, visée pédagogique et hygiéniste et recherche de la performance. Dans la deuxième moitié du XXe siècle, le sport de haut niveau n'a cessé d'accentuer cette bivalence, en proposant l'excès, l'extrême, le dépassement de soi comme clés de voûte de l'excellence. La professionnalisation, l'intensification croissante des entraînements, la scientificité technique et médicale requise, la propagation du dopage comme vecteur d'une surnature, la précocité des athlètes font écho à des statistiques inquiétantes, portant sur les pathologies chroniques, les reconversions désastreuses ou les addictions des sportifs.

Le sport de haut niveau n'est plus la santé, serait-on tenté de dire, même s'il faut se garder de généraliser, ou bien il incarne une santé surmédicalisée et technicisée, prototype. Dans le même temps, et non sans un rapport paradoxal à cette réalité/image du sport d'élite, la prescription sportive n'a jamais été aussi forte. L'activisme sportif est de mise et complète les recommandations médicales qui lient bien vivre et vivre longtemps. Cette assimilation entre vie bonne et vie longue est caractéristique de la médicalisation de l'existence. Le « sport », en réalité l'exercice physique en son sens le plus général, participe d'une injonction à la sculpture de soi, à l'exercice de la volonté sur le destin du corps, à la projection vers le futur d'une existence matérielle qu'on voudrait maîtrisée : vieillir jeune… « Être sportif » signe alors le dynamisme, le contrôle par l'affinement et la fermeté de la silhouette, le goût de l'effort, voire de la douleur et du dépassement de soi, soit une « production de soi » emblématique d'aujourd'hui.

SPECTACLE

Que le sport soit aujourd'hui un spectacle ne fait aucun doute. Encore faut-il préciser qu'il s'agit du sport de haut niveau. Par ailleurs, si l'on entend par « spectacle » ce qui attire les foules ou est susceptible d'être médiatisé (qui dit « spectacle », dit « spectateurs »), il faut distinguer parmi le sport de haut niveau certaines disciplines plutôt que d'autres, les plus universellement populaires et/ou professionnelles : football, football américain, Formule 1, tennis, etc. À quoi s'ajoutent les jeux Olympiques comme spectacle « multisports » principal.

La spectacularisation du sport suppose l'émergence du sport de haut niveau et sa médiatisation. Elle a même changé la nature du sport de haute performance en accélérant la professionnalisation et en multipliant les enjeux financiers (gains des athlètes, recettes des stades, droits de retransmission, produits dérivés, etc.) et géopolitiques (choix des sites des grandes compétitions, etc.). La publicité envahit les stades, les sponsors se disputent les champions médiatiques, règles du jeu et d'arbitrage sont réadaptées pour la « fluidité » du spectacle et sa diffusion télégénique.

Il n'en a pas toujours été ainsi. Les Grecs antiques négligeaient les spectateurs, alors même que leurs Jeux étaient de grandes fêtes religieuses et commerciales, et les épreuves sportives, leur préparation comme leur organisation, largement codifiées. Il n'y a pas trace de gradins à Olympie, au cœur d'infrastructures par ailleurs très élaborées. Rien de tel à Rome, au contraire, où fut construit un *Circus maximus* de 150 000 places et où les jeux du cirque étaient très prisés comme spectacle. D'où la critique du poète Juvénal : *« panem et circenses »* (« du pain et des jeux »), préfigurant l'« opium du peuple » de Marx. Vie et hiérarchie sociales se jouent alors autant dans les tribunes que dans l'arène.

Si l'historien Jean-Paul Thuillier met en évidence la parenté de ce « sport romain » avec le nôtre – précisément sous cet aspect de spectacle avec l'économie y afférente –, Pierre de Coubertin, comme d'autres, a puisé, lui, dans un éclairage largement favorable à l'« esprit grec », insistant sur les aspects métaphysiques, religieux, pédagogiques (le « progrès humain ») qui lui semblent absents de la culture romaine. Une ferveur hellénique s'est ainsi transmise à l'entreprise olympique, qui n'est pas étrangère à la réticence de Coubertin face à l'afflux de spectateurs.

Trois arguments principaux sont avancés : la versatilité des foules nuirait au succès futur du sport (« Il serait vain de compter [...] sur la fidélité des multitudes ») ; l'idéal du « sportsman » est un idéal désintéressé – la « beauté du geste » – (« Le spectateur idéal en matière de sport, c'est le sportsman au repos qui interrompt son propre exercice pour suivre les mouvements d'un camarade plus habile ou mieux entraîné»); l'argument esthétique («[…] non seulement la grande foule moderne est laide par sa silhouette et sa couleur, mais il n'est pas facile de rendre supportable tout ce que cette foule exige pour être contenue: tribunes, enceintes, barrières, guichets, etc. […] Nous proposerons une moyenne de dix mille»). Par là, dans son *Discours prononcé à l'ouverture du congrès olympique de Prague,* Coubertin entérine une vision du sport comme élévation possible de l'individu et idéal culturel, contraire à son évolution comme spectacle marchand («Foire ou temple, les sportifs devront choisir»).

L'évolution du sport comme sport-spectacle interroge évidemment sur son sens. L'analyse économique tend à primer aujourd'hui, tant le sport médiatisé apparaît comme l'icône du capitalisme. Des capitaux sont investis, parfois considérables, les retombées financières des grandes compétitions alimentent les convoitises jusqu'à la corruption, des paris sur l'avenir sont faits sur de très jeunes athlètes, une exploitation de l'homme se dessine au travers de la précocité imposée, des cadences infernales, des achats ou transferts de joueurs. Le spectateur ou téléspectateur, enfin, est supposé aliéné par l'«idéologie sportive».

Cette dimension révèle à la fois un trait majeur de notre société, les conditions historiques de la naissance du sport et sa capacité à figurer les idéologies dominantes. «Le spectacle constitue le *modèle* présent de la vie socialement dominante», rappelle Guy Debord dans *la Société du spectacle,* voire «le spectacle est l'idéologie par excellence, parce qu'il expose et manifeste dans sa plénitude l'essence de tout système idéologique: l'appauvrissement, l'asservissement et la négation de la vie réelle». Plutôt que cette négation, voyons dans le sport un schème, c'est-à-dire une structure simplifiante et imageante de la réalité, d'où d'ailleurs son succès.

C'est parce qu'il y a identification et incertitude que le sport passionne les foules, parce que la variété et la visibilité de ses formes servent la spectacularisation, parce que ses scénarios sont simples. C'est aussi parce que le jeu implique une *catharsis*. La violence sociale, en particulier, *s'y joue*, pendant historique, selon Norbert Elias, de sa diminution dans les mœurs. À l'instar du théâtre aristotélicien, le sport contribuerait alors à une pacification des échanges, à une symbolisation des conflits, à la mise en scène des émotions caractéristiques de notre société.

Que penser de cette thèse ? Elle a évidemment ses fondements historiques et sociologiques au regard d'une comparaison avec l'Antiquité et compte tenu de l'évolution des mœurs politiques en Angleterre et en France au moment de l'apparition du sport. Néanmoins, le XXe siècle a été le plus meurtrier de l'histoire, et le théâtre sportif actuel voit de nouvelles violences se revigorer, entre spectateurs, de spectateurs envers les joueurs, entre joueurs. Le racisme, les exclusions, s'expriment dans le sport, faisant dire à certains que le sport lui-même les engendre.

En réalité, une fois encore, le sport n'engendre pas d'idéologies, il les sert ou les recycle. Il ne conduit ni ne précède l'histoire, il en épouse les traits dominants. Dans une société où la guerre est devenue économique, où l'exclusion sociale attise les conflits, où la médiatisation subjugue les foules, le spectacle sportif offre sa malléabilité et son imaginaire au symbolisme guerrier, aux fantasmes de réussite sociale, aux communautarismes culturels ou religieux. Il ne les produit pas, même s'il en facilite structurellement la mise en scène.

Le spectacle sportif est une colonisation moderne de l'imaginaire. Pourtant, les sens qu'on lui donne sont hors de lui. Quelques sports ne sont pas *tout* le sport. Certains (y compris à haut niveau) échappent à l'économie de marché. Le spectacle du sport d'élite lui-même relève de son interprétation, même si l'image fascine et court-circuite la pensée. Des idéaux, enfin, peuvent encore traverser la compétition, l'éducation, la socialisation, tenons de l'histoire sportive. Le spectacle est aussi plaisir, innovation, partage. Faisons en sorte, par sa critique notamment, qu'il ne soit pas aliénation.

SPORT(S)

Au cœur de l'analyse du sport, la distinction de catégories. Il n'y a pas *un* mais *des* sports. Cette distinction est fondamentale pour la critique. Elle évite de percevoir le sport comme un bloc monolithique, qu'il n'est pas, source à titre unique des passions et dérives qu'il suscite. Malgré les apparences et notamment la prégnance des grandes institutions, le sport n'est pas une structure gigogne, déclinable de manière homogène du sommet à la base. Il est marqué par des discontinuités qui en changent la nature. Les rapports à soi, à l'autre, au matériel, à l'environnement, à la performance, à l'argent, s'infléchissent notablement. C'est un jeu, un spectacle, un instrument, un *schème*, mais pas une idéologie à lui tout seul, ni une structure sociale autonome. Si d'aucuns y voient un système de pouvoirs, voire d'aliénation des masses, force est de constater la variété des appropriations qui en sont faites, comme la lueur d'un discrédit à cette thèse. Le sport est le *schème* versatile de projections sociales et de significations politiques, pétri d'une histoire ancienne et complexe, contradictoire dans ses apparences. Il est sport de masse et sport de haut niveau, éducation physique et sport-santé, loisir, jeu, exercice physique. Il est des sports et des manières de faire du sport jusqu'à la rupture sémantique : à la fois « tout est sport », et le modèle sportif s'impose partout, mais il n'est « rien » tant qu'il n'est pas défini.

Nul doute qu'un cheminement classique aurait exigé que la (les) définition(s) du sport précède(nt) toute autre analyse. Le lecteur aura peut-être, d'emblée, rejoint cette rubrique ou bien il aura, lambinant, préféré contourner l'obstacle. Car si, comme le dit Yves Vargas, «l'ambiguïté est pour une idée l'indice de sa gloire», la «gloire» du sport est d'avoir épousé et absorbé des pratiques pédagogiques, de divertissement, d'hygiène, de commerce, de pouvoir, et d'avoir croisé et renouvelé ses techniques jusqu'aux limites du «non-sport»; de s'être imposé comme *schème* social au point d'embrouiller les définitions. Pourtant, la classification qui consiste à différencier les sports et les manières de faire du sport conditionne compréhension et critique. Elle est aussi susceptible de livrer une photographie, en un instant donné, de ce que sont les sports d'aujourd'hui et s'impose au moins à ces deux titres.

Catégories de techniques compétitives

Les techniques compétitives définissent les sports et le type d'incertitude (la fameuse «incertitude du sport») qui accompagne la performance. Cela ne signifie pas que tout sport soit compétitif, néanmoins les conditions de la compétition sont un axe essentiel de sa définition.

Ainsi, les sports individuels (athlétisme, natation, tennis, gymnastique, etc.) se distinguent des collectifs (football, rugby, handball, volley-ball, basket, etc.). Les premiers nécessitent d'assumer seul la performance ou la contre-performance. La clé du succès réside alors dans la mise en place d'automatismes performants, visant au dépassement de soi d'un sujet isolé, comme dans la réduction de l'incertitude venant du sujet lui-même. Les seconds partagent entre les membres d'une équipe les aléas du résultat sportif et nécessitent la coopération avec un ou plusieurs partenaires. Soit cette coopération s'effectue en «milieu stable» (relais d'athlétisme, équipage d'aviron, course en ligne), soit elle répond à une logique d'affrontement qui suppose une communication entre partenaires *et* adversaires. Dans les sports collectifs (ou les sports individuels mués en collectifs: double en tennis, escrime, natation, etc.), c'est donc l'incertitude issue de l'adversaire, et non pas seulement du sujet, qui définit l'épreuve.

Deuxièmement, on distinguera des sports donnant lieu à des affrontements duels, d'individu à individu ou d'équipe à équipe (judo, tennis, football), et des sports avec contact physique direct avec l'adversaire (sports de combat, football, rugby) ou sans contact physique, soit parce qu'ils ne sont pas des matchs au sens strict (athlétisme, natation, gymnastique), soit parce qu'ils sont des matchs avec affrontement distancié (tennis, volley-ball). La mesure de la performance distingue alors, et sans exclusive, les sports chronométrés (athlétisme, natation), dont l'affichage des temps est une sanction immédiate pour le sportif, ceux à critères de notation (patinage artistique, gymnastique) et ceux dont la victoire d'une course prime sur le temps effectué (cyclisme, course automobile) – bien que parfois les deux registres soient mêlés (obtention d'une pole position, course contre la montre, temps additionnés du Tour de France…).

Le trait distinctif de la compétition moderne est la sophistication recherchée dans le chiffrage de la performance, son étalonnage et l'établissement de palmarès. Le sport est le règne de la quantité. Cette sophistication s'étend au commentaire sportif, elle fait partie du spectacle, et le spectacle lui-même la réclame lorsqu'il s'agit de « simplifier » ou de « clarifier » des systèmes de notation ou des points d'arbitrage à destination du (télé)spectateur. Différence majeure d'avec la tradition antique, ce chiffrage signe l'avènement du sport au cœur d'un XIXe siècle techniciste, avide de soumettre toute activité humaine à la mesure.

La technicité du sport suppose encore l'utilisation ou non d'« engins ». On distinguera les sports avec « engin » (vélo, bateau, voiture, mais aussi raquette, perche, ski ou barres parallèles, et pourquoi pas cheval !) de ceux sans engin (natation, course à pied). Tous les sports sont traversés par un rapport nature/culture interrogeant cette notion d'« engin » : *quid* de la technicité des combinaisons de natation ou des chaussures de course ? Quelle est la part du matériel dans la réalisation des performances ? « Engin », cependant, n'est pas « technique » ou « matériel », et on spécifiera les « sports avec engin » en référence à la manipulation d'un « objet technique » nécessaire à la caractérisation du sport : la raquette définit le tennis, la chaussure ne définit pas la course à pied, ni le maillot la natation, le patin du patineur se situant peut-être entre les deux ! Aucun sport, toutefois, ne peut faire l'économie de son rapport avec l'artifice.

Enfin, des sports se définissent par des contextes très spécifiques. Ce sont les « sports d'adresse » (golf, billard, boule, tir, fléchettes) ; les « sports mécaniques » (auto, moto), qui sont aussi des sports à risque ; les « sports de glace » (ski, patinage, hockey), rassemblés notamment dans des jeux Olympiques « d'hiver » ; les sports nautiques (voile, aviron, kayak, planche à voile), dont la liste ne cesse de s'étendre, de même que celle des sports de sable, d'air ou de bitume. Les sports de glisse, issus des « sports californiens », inventent de nouveaux matériels et de nouvelles finalités. Ainsi, surf, body-board, skimsurf, windsurf, kitesurf, mountainboard, kayaksurf, waveski, speedsail, snow-board, wake-board, skysurf, skate-board, roller, etc., ont révolutionné l'usage de l'élément naturel (eau, neige, air, sable), celui des espaces urbains (rues, trottoirs, rampes d'escalier, bancs) et celui de planches, voiles et roues, par des combinaisons inépuisables. L'espace sportif est définitivement éclaté, le cadre institutionnel également. La notion de compétition est elle-même remise en question, au moins dans les principes.

Catégories de sports en milieu naturel

Avec les sports de glisse, un glissement s'opère du cadre compétitif « classique » vers des pratiques « libres », dites de pleine nature, extrêmes, « *fun* » ou à risque, et ce même si certains d'entre eux se pratiquent en salle ou en ville. La technique importe là autant qu'une attitude relevant de la quête identitaire ou du style de vie. Ces sports introduisent, en outre, un autre type d'incertitude, liée au milieu physique. Si la pleine nature modifie la perception du sport, cette approche n'est pas récente puisque, chez Georges Hébert, dans les années 1930, ou dans les préconisations de cures de soleil ou de bains de mer à la même époque, les bienfaits de l'exercice «naturel» sont affirmés. Bien auparavant, cette tradition s'ancre dans la conception rousseauiste de l'éducation, même si nous sommes alors très en deçà du sport.

Ce qu'apportent les années 1960-1970, c'est l'adaptation de la technicité sportive au milieu naturel «sauvage», et l'idée d'un plaisir sportif pris hors des cadres balisés du sport fédératif, de façon individuelle ou en groupe, à la carte. Le jogging, puis le VTT, ont été les précurseurs d'un succès qui ne se dément pas, fusionnant avec des préoccupations plus générales: l'écologie, le temps libre, comme la recherche de sensations «fortes» ou «pures» où affleure la notion de risque. On mentionnera les sports «classiques» se déroulant en milieu naturel, cadre d'une compétition instituée: les sports d'eau vive (canoë-kayak), les rallyes automobiles, par exemple. Mais force est de constater que ceux en milieu naturel, dont la sous-catégorie signifiante des sports de glisse, évoquent des pratiques libérées des cadres institutionnels, parfois de la compétition, et procurant avant tout des «sensations».

Le sociologue Paul Yonnet rappelle que l'extrême brouille les principes du sport-spectacle: mise en scène de l'égalité et/donc identification des foules; ce qui aurait plutôt tendance à pacifier la relation du spectateur à l'acteur et à limiter la violence. Il interroge aussi les catégories adjacentes des sports «*fun*» et à risque, suspectant dans la première une valeur «masquante». D'une part, le «*fun*» suppose un affrontement qui peut être violent à la nature, malgré sa définition initiale. D'autre part, la compétition a rattrapé le «*fun*» jusqu'à en faire l'une des disciplines-phares du spectacle sportif télévisuel. Cette notion, toutefois, traduit indéniablement une prétention au plaisir «direct», non médié par l'effort ou les apprentissages parfois fastidieux des sports dits «classiques».

L'attrait pour le risque, enfin, souligne un trait marquant du contemporain. À côté des classiques sports à risque, en particulier les sports mécaniques, se dégage une tendance qui voit le succès d'«épreuves» nouvelles: saut à l'élastique, vol libre, ski extrême, etc. David Le Breton montre que cette «passion du risque» dans nos sociétés sécuritaires, au travers de pratiques mettant la vie en péril, traduit la volonté de se soumettre à un jugement quasi ordalique: éprouver la vie au risque de la mort. Ceux qui s'y confrontent (cadres, adolescents) seraient en quête d'une réassurance identitaire, par le biais des sensations fortes. Par là, des «vertus sportives traditionnelles» sont réintroduites: émulation et dépassement de soi.

Catégories d'intensité

La caractérisation des sports et de leur environnement ouvre à des catégories d'intention et d'intensité traversées par la notion de dépassement de soi. Distinction majeure, celle qui sépare le sport de haut niveau du sport de masse. Le premier s'est constitué comme une sphère à part où l'on pourrait encore le distinguer du sport de très haut niveau (comme viser des titres dans des compétitions internationales). Le sport de haut niveau n'est pas simplement le sommet d'une pyramide dont la base serait le sport de masse. Il n'y a pas de lien numérique systématique entre l'un et l'autre et, même si les «grands» pays sont évidemment pourvoyeurs de nombreux champions dans de nombreux sports, de «petits» pays, par le biais de cultures propres, de l'émulation créée par un champion ou d'écoles techniquement performantes, produisent une élite sans explication numérique. C'est le cas de la Suède en tennis, dans le sillage de Borg, ou de pays d'Afrique comme le Kenya ou l'Éthiopie dans le domaine des courses de fond. Néanmoins, dans les pays aux moyens propices, les fédérations s'efforcent de quadriller leur territoire par une formation pour le plus grand nombre, susceptible de générer un *champion*.

Ce qui sépare le sport de haut niveau du sport de masse est une différence de *degré*, qui devient différence de *nature*. Le sport de haut niveau, c'est 20 heures, voire 30 ou 40 heures de sport par semaine. Laure Manaudou a longtemps nagé entre 12 et 20 km par jour, les gymnastes ou les patineurs s'entraînent 8 heures quotidiennement, les tennismen entre 4 et 6 heures, souvent depuis la petite enfance. La professionnalisation, au moins de fait, est de mise. Le suivi médical s'intègre à la croissance, à l'éducation, à l'organisation de la vie quotidienne. La déscolarisation est fréquente, quand ce n'est pas l'éloignement ou l'éclatement de la vie familiale. Le corps est plié, rompu, parfois brisé par des pathologies chroniques, le psychisme soumis à des tensions extrêmes, celles de l'entraînement, de la compétition, de l'échec ou de la «pression» subie lors des grandes victoires. Le sport de haut niveau est une extrémisation de toutes les composantes du sport de compétition, vécue la plupart du temps par des individus très jeunes, dont il modèle durablement métabolisme et morphologie. Inutile, ici, d'ajouter que le dopage décuple les risques, institué dès l'enfance comme ce fut le cas dans les ex-pays de l'Est ou pratiqué avec une certaine systématique, comme dans les grands sports professionnels américains (football, base-ball).

En contrepoint de ces pratiques, le sport de masse ou de loisir, mais aussi l'éducation physique scolaire, réfèrent à des pratiques modérées de quelques heures par semaine, par des individus «amateurs», dans un souci de détente, d'entretien de soi, d'apprentissage et/ou de santé. Tel est le sport aujourd'hui recommandé avec force slogans par les instances de prévention de l'hygiène publique. Toutefois, souligne Paul Yonnet dans *Systèmes des sports*:

« [...] sport et santé [...] entretiennent un rapport contradictoire à deux faces. L'exercice modéré a un effet préventif de certaines maladies [...]. Encore faudrait-il que celui-ci, pour convenablement remplir son rôle, soit adapté sous contrôle physiobiologique à caractère médical, en quantité et en qualité, à chaque individu [...]. D'autre part, le sport (de simple loisir ou de masse) abrège la vie de sujets chez qui se révèlent à cette occasion des carences souvent indécelables. Ces individus en l'absence d'exercice auraient continué à vivre. Si l'on pouvait faire le décompte des vies prolongées et des vies abrégées par le sport, rien ne dit que la balance serait en faveur de ce dernier. »

D'autant que le sport de masse n'exclut nullement la compétition la plus acharnée, le dépassement de soi, voire l'addiction. Les appareils de mesure font florès dans les « salles de sport », permettant la comparaison (et donc l'amélioration) des performances. Les parties de squash ou de football entre « amateurs » se vivent intensément. Les marathons de masse conduisent certains à un dépassement de soi voisin de l'épuisement. La « sportivisation » des mœurs et des corps, enfin, révèle parfois de véritables addictions à l'effort physique, aux endorphines produites par les épreuves longues de course à pied ou à la musculation. Aussi, si le dépassement de soi est l'essence du sport de haut niveau qui en est son laboratoire, il existe un dépassement de soi dans le sport de masse qui n'est pas à négliger, dans sa diffusion et ses effets.

Ces catégories se refusent évidemment à l'exclusive. L'alpinisme à mains nues, fer de lance d'une quête de nature, de risque maîtrisé, voire d'extrême, est aussi compétition en salle ; de même pour le bicross ou le snow-board. Le VTT est devenu sport olympique, et les surfeurs déclarent aujourd'hui planifier leur carrière comme des sportifs de haut niveau. L'adaptation des sports à des publics plus nombreux et diversifiés appelle des variantes qui témoignent de mutations sociales, générationnelles, de loisirs, et liées au *merchandising*. Autour du socle olympique, traversé de timides changements, les pratiques s'inventent et s'individualisent. Néanmoins ces catégories révèlent des axes forts : la technicité compétitive est un trait constituant du sport ; l'extension du sport à des milieux naturels et à des pratiques « libres » dénote l'ancrage social et ses contestations ; l'intensité portée à l'activité sportive dessine les contours d'une sphère très spécifique, le sport de haut niveau, tandis que le sport de masse s'impose comme la recommandation commune.

T

TEMPS

Le sport est lié au temps de par sa structure même (durée des matchs, «temps de jeu», prolongations, etc.), de par le calcul de la performance («temps», vitesse), de par son calendrier (cycles répétitifs des compétitions), de par son historicité enfin, qui permet la comparaison «dans le temps» entre des performances, des époques ou des champions. Ajoutons à cela le «temps suspendu» qui paraît ou devrait être celui des grandes compétitions internationales et nous obtenons le profil d'une activité profondément insérée dans le social, dont le propre est pourtant d'avoir développé des règles et une temporalité autonomes.

Temps des loisirs et de la pédagogie

Le sport moderne se caractérise par la création au XIXe siècle d'un temps de loisir clairement spécifié.

> **«Le nouveau temps du jeu, c'est d'abord celui des rencontres et des championnats, avec leur cycle propre, leur déroulement indépendant des fêtes traditionnelles : un bouleversement facilité sans aucun doute par la société industrielle et la naissante société des loisirs, scandant comme jamais le temps de travail et le temps de repos» (in *Du jeu ancien au show sportif*, de Georges Vigarello).**

S'amorce la construction d'un domaine autonome, avec ses règles, ses lieux, sa temporalité. Autant de dispositions absentes des jeux et exercices de la France d'Ancien Régime.

Le thème de l'évasion par rapport au travail se légitimise. L'obtention de vacances fait l'objet d'une lutte lente, associée à des thèmes culturels et pédagogiques : dénoncer le « surmenage » des adultes comme des enfants, puiser la force de nouveaux apprentissages dans des cerveaux et des corps revivifiés. Le sport apparaît comme ce qui compense le travail. Autour de 1890, sensible au thème du « surmenage », Pierre de Coubertin « donne au sport la mission d'imposer la détente et de suggérer les vacances », thème ensuite repris par une littérature sportive naissante. Les rivalités sociales et les tensions professionnelles sont censées trouver là leur exutoire.

De nouveaux rythmes s'installent, qui sont ceux de la pédagogie, comme ceux d'un temps de labeur scandé par des alternances. Corrélativement, ce nouveau temps se mesure, et le souci de son utilité s'inscrit. La maîtrise et la restauration des forces occupent la finalité des loisirs. Le répit acquis se justifie en proposant une alternance rigoureuse et quasi chiffrée avec le travail. En « interne », le sport lui-même calque son déroulement sur l'intensité et le calcul. Depuis le début du XIXe siècle, les gymnastiques ont habitué aux mouvements géométrisés et quantifiés. « Le sport ne fait que déployer cette dynamique du chiffrage et de la précision. »

La perméabilité du sport aux thématiques de l'ergonomie ou de la productivité au travail est avérée. La performance physique est un thème social et scientifique. Le calcul des vitesses et des temps n'alimente pas seulement les registres comptables des usines, mais celui des courses et des jeux. Des machines nouvelles calculent plus finement l'amélioration des records. Les machines graphiques d'Étienne-Jules Marey décomposent le mouvement à la charnière du siècle, visualisant l'effort sportif par séquences. Ainsi le temps sportif se rationalise-t-il et, avec lui, l'institution qui l'organise. Se profile ainsi le déploiement d'un *calendrier* propre au sport.

Tandis qu'une double image apparemment contradictoire se dessine – « le sport temps de répit et le sport temps d'accélération. D'un côté, la volonté de détente, de l'autre, celle de l'intensité » –, le sport crée son temps propre, celui des cycles compétitifs. Un peu à la manière des jeux de l'ancienne Grèce qui rythmaient la vie sociale, religieuse, et les temps de trêve entre cités (dans un tout autre contexte), le temps sportif moderne établit son calendrier, ou ses calendriers, ponctuant (voire suspendant) les cycles sociaux. Les jeux Olympiques, les championnats du monde, « Roland-Garros », les « circuits », les « saisons » scandent ainsi un temps spécifique et inventé, inséré dans un temps social quasi subjugué.

Temps des records et du sport-spectacle

Au-delà de ces cycles, le sport-spectacle crée aussi un temps lié à la médiatisation : celui de la durée des matchs ou de l'horaire des compétitions. Les sports s'évertuent à être télégéniques, condition de mannes financières par le biais de la publicité. La création de « quarts-temps » au basket, du « tie-breack » au tennis ou de sets plus courts au ping-pong répond à cette exigence de raccourcissement des périodes (qui peuvent être ponctuées par de la publicité) et d'accessibilité pour le public (qui risquait de se lasser de phases de jeu trop longues). Par ailleurs, les finales des épreuves de natation aux JO de Pékin se sont déroulées à 8 heures le matin, pour satisfaire aux désirs de la télévision américaine et de ses sponsors.

Mais ce calendrier du sport « ne distribue pas seulement les actes de jeu, il distribue aussi les actes qui y préparent. [...] Le sport n'a pas créé l'entraînement, mais le calendrier permet comme jamais son déploiement et sa légitimité». Ainsi s'égrène, à longueur d'année, une temporalité sportive toujours plus précise, chargée, pointilleuse, créant la valeur de détails «infinitésimaux» favorisant la performance. Le temps sportif est devenu, pour beaucoup, celui d'un *métier*. Les phases de préparation sont articulées comme des programmes. Entraînement, diététique, psychologie, match, récupération et soins sont ordonnés par une scientificité sans cesse accrue.

Cette rationalité du temps est intériorisée par le champion et se superpose à sa temporalité propre, subjective. La manière de gagner du temps et de le rentabiliser conditionne l'accès à la performance. Ce processus évoque la démonstration wébérienne mettant en lien «l'esprit du capitalisme» et «l'éthique protestante», c'est-à-dire une certaine représentation ascétique de l'utilisation de soi. Le sport de haut niveau nécessite aujourd'hui cette instrumentalisation du corps et du temps, une captation du présent vers l'objectif d'un futur supposé bénéfique (le *gain*, le *record*) et parfois repoussé indéfiniment (l'indéfinie perfectibilité de soi).

Aussi le temps sportif rejoint-il, dans cette perspective, les thématiques propres au corps contemporain : volonté par le sujet de s'autoproduire, perfectionnement minutieux des aptitudes et des apparences, croyance dans le progrès par le travail, l'effort, l'entraînement, etc., projection dans le futur de l'excellence corporelle visée. Le temps apparaît alors comme une donnée comptable, exploitable, support de la performance. Pour conclure, le «temps de loisir» se télescope avec le temps de «travail sur soi», les enfants voient le sport comme un métier, et les champions professionnels, soumis au rythme de leur circuit (pour certains) et aux contraintes médiatiques, illustrent la formule de Benjamin Franklin : «Le temps, c'est de l'argent.»

THERMES

Les Romains complètent l'héritage grec de leur passion pour l'eau. Comme les gymnases étaient l'expression de la grécité, les thermes le sont de la romanité. Mais les Romains refusent les gymnases, «lieu de tous les vices et des amours infâmes», et critiquent la nudité athlétique complète. Les thermes sont des lieux raffinés, avec salles de sport et bibliothèques, bains froids, tièdes ou chauds. Dans ceux d'Antonin, à Carthage, exceptionnels par leur taille, on trouve une piscine de 50 m de longueur, les quatre piscines du *frigidarium*, de chacune 10 m de long, deux piscines chauffées de 17,50 m, et encore plusieurs autres petits bassins. Deux activités y sont privilégiées: natation et jeu de ballon. Les mosaïques des thermes, quant à elles, représentent des scènes athlétiques, ainsi que des instruments utilisés par des sportifs adultes, strigiles, haltères. On suppose que celles des thermes de Caracalla, à Rome, évoquent une équipe de sportifs professionnels qui aurait exercé ses talents dans cet établissement. Ainsi les Romains sont sensibles aux corps bronzés, à la qualité du teint, à l'expression d'une virilité préjugeant de la dignité d'un individu. Les thermes symbolisent un style de vie où les activités ludiques et d'entretien, sportives ou à visée esthétique, occupent une place centrale. On peut y voir l'origine d'un «sport privé», contrastant alors avec les grands spectacles athlétiques et les jeux du cirque.

U

UNIVERSALITÉ

Le sport est une activité désormais mondialisée : tel était le rêve de Pierre de Coubertin, telle est aujourd'hui l'évidence attestée par l'ampleur de la médiatisation. Certains sports plus que d'autres illustrent cette universalité, à la fois du spectacle et de ses acteurs : le football, l'athlétisme, le tennis, avec des variations en fonction de la renommée des compétitions. Cette universalité pose le problème d'un « gouvernement mondial » du sport, susceptible de légiférer sur une variété indéfinie de disciplines, de fédérations nationales, d'intérêts économiques ou politiques. Ainsi le Comité international olympique (CIO) n'épuise-t-il pas, par exemple, le champ de l'ensemble des sports ; ainsi l'Agence mondiale anti-dopage (AMA) se heurte-t-elle aux puissantes fédérations internationales de football, d'athlétisme ou de cyclisme.

L'universalité du sport met en scène la confrontation non seulement d'intérêts pratiques, mais aussi de cultures, de systèmes politiques ou religieux, de représentations de l'homme. La précocité des athlètes, qui peut apparaître comme l'un des volets de l'exploitation ou du travail des enfants, est ainsi la résultante d'une concurrence mondialisée, d'une course aux carrières et aux records, de volontés nationales de « produire » des champions. Or, elle pose directement la question des droits de l'homme (ici ceux de l'enfant) dans le sport. Comment éviter que des logiques productivistes n'entraînent des milliers d'enfants dans le réseau d'« usines à champions» dont peu d'entre eux sortiront «vainqueurs»? Comment réguler les effets de la scientifisation prônant, dans certains sports, des apprentissages toujours plus précoces et intenses?

Ainsi l'universalité du sport interroge-t-elle (comme l'universalité économique) quant à une universalité des valeurs et sur ses modes de régulation. Le libre-échange du sport s'appelle la *compétition*. Si les instances dirigeantes ont, depuis leur origine, établi les règlements sportifs, force est de constater leur difficulté à trancher aujourd'hui sur plusieurs points: la prétendue «neutralité politique» du sport; la question de la «traçabilité» (biologique ou «pédagogique») de la performance. L'universalité suppose-t-elle (et permet-elle) un sport apolitique? Il semble que non, à plus forte raison si on accole l'«économique» au «politique». La traçabilité de la performance n'exige-t-elle pas un pouvoir exécutif effectif? Quel pourrait-il être alors, dans un juste milieu entre «instance consultative» et «panoptisme autoritaire»?

V

VIOLENCE

« La comparaison du niveau de violence des jeux de compétition de la Grèce classique, ou encore des tournois et des jeux populaires du Moyen Âge, avec les niveaux de violence des sports de compétition actuels met en évidence un élément spécifique du processus de civilisation ; mais l'étude de cet élément, du degré de civilisation des jeux de compétition, demeure inappropriée et incomplète si on ne la relie pas à celle des autres aspects des sociétés dont les manifestations sont les jeux de compétition. En bref le niveau de civilisation des jeux de compétition et ses variations restent incompréhensibles si on ne les rapproche pas au moins du niveau général de violence socialement autorisé, de l'organisation du contrôle de la violence et, corrélativement, de la formation de la conscience dans les sociétés données. » (Norbert Elias et Eric Dunning, *Sport et civilisation, la violence maîtrisée*)

La thèse de Norbert Elias s'articule sur l'idée d'une civilisation progressive des mœurs. Le niveau de violence sociale autorisé en Grèce antique ou au Moyen Âge – guerres, massacres de populations vaincues, éliminations systématiques d'individus mâles, meurtres privés, tortures, etc. – se répercute dans les jeux. Les luttes grecques (dont le fameux *pancrace*) s'achèvent souvent par la mort ou les blessures graves d'un, si ce n'est des deux participants. Au Moyen Âge, la *soule* (faux ancêtre du rugby) donne lieu à des pugilats entre villageois, sans délimitation d'espace-temps, où les coups pleuvent. Les foules ne sont pas choquées par les exécutions ou supplices en place publique. À société violente, divertissement violent. L'histoire de notre civilisation montre un processus de développement de l'« auto-contrôle », de la « conscience », qu'accompagne la régulation de la violence. Ainsi, aux XVIIIe et XIXe siècles, la tradition parlementaire anglaise et sa pacification des mœurs politiques favorisent-elle la venue d'activités sociales contractuelles, réglementées, délestées des brutalités physiques ancestrales, dont le sport. Aux XXe et XXIe siècles, la répulsion sociale face à la violence n'a cessé de s'affirmer et, dans le sport, une orientation des règles non seulement vers l'égalité des chances et le respect de la loyauté, mais aussi vers la limitation des risques vitaux et des blessures.

À la thèse d'une *catharsis* effectuée dans les jeux et les spectacles, d'une violence jouée qui euphémiserait la violence réelle, d'une régulation des tensions dans le sport, analogique de la régulation sociale, s'oppose toutefois la réalité du XXe siècle. Les guerres, barbaries et violences en tout genre ont entaché le siècle même de l'essor du sport comme spectacle universel et modèle social. Les jeux Olympiques de Berlin ont précédé un carnage sans précédent dans l'histoire de l'humanité. Les boycotts successifs des Jeux de Moscou et de Los Angeles sont restés sans effet sur la guerre froide. Les Jeux de Pékin n'ont pas signifié de changement majeur dans la politique des droits de l'homme chinoise, ni dans l'instrumentalisation du sport à des fins politiques. S'il est exact que le seuil moderne de tolérance à la violence s'est modifié en Occident, que ce phénomène se lie sans doute au prurit législateur qui touche le sport, comme bien d'autres domaines, que le refus de la mort caractéristique de nos sociétés engage à limiter tous les risques, néanmoins la violence totale du siècle s'est déroulée en marge du sport, en dépit de ses idéaux, et il a bien fallu interrompre les Jeux pour faire la guerre. Pas plus que le sport n'est la guerre, celle-ci ne s'arrête réellement aux portes du sport ; et lorsque la guerre en armes s'apaise, d'autres guerres, dont la guerre économique, s'invitent.

On peut toutefois remarquer que, à la différence de l'Antiquité ou du Moyen Âge, les temps sociaux se sont distingués. Au XIXe siècle, la démarcation entre temps de travail et temps de loisir entérine la spécificité du sport comme activité de loisir et espace-temps d'un exutoire des tensions. D'où l'idéalisation qui s'est élaborée à partir d'une société qui s'est voulue contre-société vertueuse, démocratique, non violente. On doit cependant ajouter que la recherche effrénée de la performance, la condition de l'affrontement compétitif et la mobilisation d'énergies musculaires et psychiques à leur paroxysme (l'« agressivité ») font du théâtre sportif le lieu d'une libération pulsionnelle et d'un « engagement physique » qui n'excluent pas une certaine violence, le latin *vis* signifiant par ailleurs « vigueur » et « puissance ». La conjonction de ces deux paramètres (contre-société vertueuse et libération d'énergies capitalisées) tend à réactiver le concept de *catharsis*, mais en le restreignant à une activité de loisir, balisée par des règles qui ne sont pas celles de la vie réelle, non étanche à la vie réelle, mais sans impact majeur sur elle : le sport ne change pas le monde. Sauf à considérer l'aspect pédagogique : à l'école ou auprès de « jeunes » en difficulté, le sport peut être un outil éducatif.

Il faut enfin tordre le cou à la thèse selon laquelle le sport produit les violences qui le traversent : bagarres dans les stades, actes de racisme et de xénophobie, insultes envers l'arbitre, coups portés entre joueurs, etc. D'abord, on l'a dit, la violence du sport en lui-même n'a jamais été aussi faible. Ensuite, il faut reconnaître que les conditions de concurrence mondialisée, les enjeux financiers et la « pression médiatique » favorisent cette violence dans certains sports, sans que ce soit le sport au sens général qui la produise structurellement, mais bien ses conditions socio-économiques de pratique. Autrement dit, la médiatisation du sport-spectacle, comme celle du hooliganisme ou des saluts fascistes, réfère non pas tant à ce qu'est le sport, mais à ce que signifient ces actes dans un contexte de médiatisation de grande ampleur précisément, où trouvent à s'exprimer volonté de se singulariser par l'excès, identifications sociales au communautaires, folie du jeu et des foules, etc. Dans l'analyse du sport contemporain, en son sens général, et non pas limité à celui de haut niveau, on pourrait ainsi établir une liste d'exemples où le sport pacifie les mœurs aussi longue qu'une autre où il exacerbe les tensions. Aussi la violence n'est-elle pas plus dans le sport que dans la société. Tout tendrait à dire, même, qu'elle y est plutôt réglementée, régulée, «sublimée», que produite et glorifiée.

X-Y

X-Y (MASCULIN-FÉMININ)

Le sport n'est pas le lieu privilégié de la mixité au sens où, hormis de rares épreuves (équitation, course automobile, doubles mixtes), les compétitions ne sont pas mixtes. Hommes et femmes ne se mêlent pas dans des affrontements où la puissance physique demeure, dans la plupart des cas, prépondérante, sauf à considérer, précisément, que la médiation d'un « engin » (cheval ou véhicule) redistribue les cartes de l'égalité. Toutefois, cette même course à l'égalité (ferment du spectacle) qu'a menée le sport depuis ses débuts a entériné ce partage des rôles entre épreuves masculines et épreuves féminines.

Ce partage en recoupe un autre, évidemment plus marqué, entre sports masculins et sports féminins. Dans son *Discours des quarante années d'olympisme*, Pierre de Coubertin ne transige pas avec la participation des femmes aux compétitions sportives : « Je continue [...] à penser que [...] l'athlétisme féminin [...] est mauvais et que cet athlétisme devrait être exclu du programme olympique – que les Olympiades ont été rétablies pour la glorification rare et solennelle de [l'adulte mâle] individuel. » De cette affirmation catégorique, sur laquelle le Baron ne reviendra pas – mais qui, somme toute, est assez d'« époque » –, certains ont fait l'emblème du « machisme » sportif et la preuve de l'exaltation immodérée d'une virilité brutale et discriminante.

En réalité, les sports, pour l'essentiel masculins à leurs débuts, se sont ouverts aux femmes, alors même qu'ils se multipliaient et que se gagnait, au fil du siècle, l'autonomie sociale de ces dernières. Les préjugés, toutefois, sont restés tenaces : aux hommes, la force, la puissance, la rapidité ; aux femmes, la souplesse, la grâce, etc. Boxe, football, rugby demeurent masculins dans l'imaginaire public, tandis que gymnastique et patinage évoquent la féminité, et ce bien après que les femmes ont investi le terrain des sports de ballon dans leur ensemble, ou celui des sports de combat, tout comme l'haltérophilie ou le culturisme.

Deux ordres de valeurs se superposent aujourd'hui : le premier réfère aux valeurs historiques et institutionnelles du sport ; le second, aux évolutions sociales et aux représentations du masculin/féminin. La référence olympique a ancré des répartitions fortement sexuées : l'avancée des femmes est plus tardive, elle se « calque », dans l'organisation compétitive, aux paradigmes masculins. Mais, dans le même temps, la conquête des espaces sociaux par les femmes est aussi conquête des corps : plus musclés, virilisés parfois par l'entraînement intensif et le dopage, plus aptes, plus performants, proches des performances masculines dans les disciplines d'endurance.

Du coup, le registre des modèles s'ouvre : aux canons supposés de la virilité et de la féminité s'ajoutent désormais des modèles féminins « androgynisés » (corps « secs » de la course de fond, « sculpturaux » de la natation ou de l'aérobic) et des modèles masculins féminisés (par l'« entretien de soi », l'apprêt cosmétique lié au *merchandising*, l'affinage des musculatures, etc.). Les publicitaires ne s'y trompent pas, eux qui ont imposé le port de la jupe comme marquage hétérosexuel dans le tennis féminin, inventé le maillot rose des rugbymen parisiens (et le fameux calendrier) ou profilé les corps athlétiques dans des combinaisons, à la fois exaltation et brouillage des identités sexuelles.

Icônes de produits cosmétiques, les footballeurs David Beckham et Cristiano Ronaldo ou le rugbyman Frédéric Michalak ont été qualifiés de «métrosexuels» pour leur sens de l'esthétique et gagné là quelques contrats publicitaires. La stylisation du corps vient compléter celle du geste. L'économie du sport-spectacle instrumentalise alors le repérage du masculin/féminin pour y créer des «niches» et des identifications. Dans ce contexte, l'homosexualité déclarée de la joueuse de tennis Amélie Mauresmo (sportive préférée des Français avec Laure Manaudou) à la fois bouscule un sport conservateur et reflète une dimension du social.

Toutefois, ne nous y trompons pas. Le paradigme sportif demeure essentiellement masculin. Les épreuves dites «reines» (c'est-à-dire de domination absolue) sont toujours des épreuves masculines. Comme dans d'autres secteurs de la société (la politique, en particulier), les femmes demeurent souvent jugées d'abord pour leur esthétique, avant leur compétence. À la différence du tennis, qui a, dans les années 1970, gagné ses galons d'équité économique et son «circuit» propre, d'autres sports (cyclisme, football, rugby, boxe) offrent pour les femmes une médiatisation quasi nulle. Les préjugés sont tenaces, disions-nous. Ils commandent aussi, dans de nombreux cas, la spectacularisation des sports, c'est-à-dire la visibilité, l'économie, la légitimité.

Z

ZÉNON (PARADOXES DE)

Parmi les quatre paradoxes que Zénon d'Élée oppose à la possibilité du mouvement et que cite Aristote dans sa *Physique*, deux au moins filent la métaphore sportive: celui d'«Achille» et celui du «stade». Dans le premier, Achille poursuit sur une piste un concurrent parti avant lui. Il faudrait pour qu'Achille atteigne sa cible, avance Zénon, qu'il rejoigne chacun des points que cette cible a d'abord atteints durant son parcours, tandis qu'elle est maintenant plus avant. Il en conclut que «le plus lent à la course ne peut être rattrapé par le plus rapide, étant donné que le poursuivant doit nécessairement atteindre le point d'où le poursuivi est parti, de telle sorte que le plus lent doit sans cesse avoir une certaine avance».

Sans entrer dans le détail technique de cet argument qui s'adresse, à l'époque de Zénon, aux partisans d'une conception «continuiste» selon laquelle l'espace, le temps et la matière sont divisibles à l'infini, disons qu'il nie la possibilité du mouvement d'après l'idée d'une décomposition à l'infini des distances à parcourir. En effet, si je dois, pour franchir un mètre, parcourir au préalable chacune des distances divisibles qui composent ce mètre, au final, je ne pars jamais. Métaphore du sport et métaphore de la vie, ce paradoxe fait apparaître le mouvement comme un saut, mais aussi la décision, l'action, le choix.

Pour un sportif d'élite aujourd'hui, la préparation sportive, médicale et mentale est présumée perfectible, infiniment ou indéfiniment, à tel point qu'elle peut plonger l'athlète dans les abîmes du détail, de l'effort conquis sur soi et du temps étirable. Ainsi va le progrès de la performance, qui caractérise la construction d'un corps-capital, suggère une productivité sans cesse accrue et une ingéniosité dans l'exploitation de soi. La vie devient millimétrée, la captation du temps induite par l'amélioration constante. Reste à savoir si le pas est ensuite franchi vers l'action et la compétition.

Cette dimension s'observe aussi dans le sport ordinaire, la construction sportive de soi de tout un chacun attentif à sa «forme», à sa jeunesse, au scrupuleux modelage d'une silhouette calculée. Quand la liberté du corps est-elle avérée? Quand la vieillesse est-elle repoussée? La psychanalyse fournit une sorte de paradigme à cette «mise en chantier de soi», par la pratique d'une divisibilité à l'infini du souvenir et de l'association d'idées, susceptible parfois de paralyser l'action, tout au moins d'entrer en concurrence avec elle. La cure peut-elle alors se terminer sans l'expérience d'un saut? La perfectibilité du corps ne concurrence-t-elle pas l'existence?

Le paradoxe du «stade» est plus complexe et son énoncé plus long. Supposons, comme les atomistes, que le temps soit composé d'unités indivisibles Δt. On agence sur un stade trois rangées parallèles de quatre éléments, coureurs ou sièges de spectateurs, dont l'une est immobile et les deux autres évoluent dans des directions opposées. À l'instant initial, les éléments sont disposés comme suit:

A1 A2 A3 A4

B1 B2 B3 B4 →

← C1 C2 C3 C4

Après un instant Δt, les éléments se retrouvent dans cette position :

A1 A2 A3 A4

B1 B2 B3 B4

C1 C2 C3 C4

Selon Zénon, le paradoxe vient du fait que C1, initialement devant B3, se retrouve devant B1, ce qui implique qu'il doit être passé devant B2 après un instant égal à $\Delta t/2$. Or Δt est indivisible, donc il doit être égal à $\Delta t/2$, ce qui est contradictoire. La conséquence aporétique est donc que « la moitié du temps est égale au double ».

Là encore, au-delà de l'analyse physique de ce paradoxe et des erreurs sur lesquelles il repose – en particulier la conjonction d'un temps indivisible et d'un mouvement continu –, on peut voir une métaphore de l'extrême relativité de la performance sportive. Elle change en fonction des époques, des contextes, des matériels et matériaux, des préparations sportives et médicales, du dopage. Son essence est la caducité. Les athlètes concourent entre eux, mais aussi face aux normes d'une époque, ses limites scientifiques, les limites de l'arbitrage. Des données multiples, renvoyant de l'une à l'autre, composent les records. En outre, la découverte d'athlètes dopés ou leurs aveux *a posteriori* obligent-ils aujourd'hui à revoir certains podiums, à annuler des résultats. Des médailles changent de main. Ce n'est pas tant le mouvement qui est impossible ici, que l'établissement de performances *dans l'absolu.*

Références bibliographiques

– Aristote, *Éthique à Nicomaque*, I, 2, 1094a18 sq. II, 6, 1036b36 ; *Physique*, VI, IX, 239b 14 ; VI, IX, 239b.

– Ballexserd (Jacques), *Dissertation sur l'éducation physique des enfants jusqu'à l'âge de la puberté*, 1762.

– Bell (Daniel), *les Contradictions culturelles du capitalisme*, 1976, PUF, trad. fr. 1979.

– Brohm (Jean-Marie), *les Meutes sportives, critique de la domination*, L'Harmattan, 2002.

– Brohm (Jean-Marie), Caillat (Michel), *les Dessous de l'olympisme*, Éditions La Découverte, 1984, pp. 7-8.

– Canguilhem (Georges), *le Normal et le Pathologique*, 1966, PUF, 1999, p. 124.

– Comité international olympique, *Charte Olympique*, « Principes fondamentaux de l'Olympisme », art. 1, 2 et 5, CIO, 2007, p. 11 ; « Droit sur les jeux Olympiques et les propriétés olympiques », art. 1 et 2, p. 20.

– Coubertin (Pierre de), *Esprit olympique, « Olympie »*, 1929, L'Esprit du Temps, 1992, p. 12 ; *Mémoires olympiques*, 1931, Éditions revue « EP.S », 1996, p. 12, 216, 217 ; *Pédagogie sportive*, 1920, Vrin, 1972, p. 7 ; *Circulaire adressée aux sociétés françaises et étrangères de sports athlétiques*, le 15 janvier 1894 ; *Discours de démission du CIO*, 1925 ; *Discours prononcé à l'ouverture du congrès olympique de Prague*, 1925 ; *Discours des quarante années d'olympisme*, 1934, in Jean Durry, *le vrai Pierre de Coubertin*, Comité français Pierre de Coubertin, UP Productions, 1997, p. 70 ; *la Gazette de Lausanne*, 22 nov. 1918, p. 1, in *Textes choisis*, CIO Édition coordonnée et dirigée par Müller, N./CIO (éd.), Hildesheim, Weidmann, 1986, Tome II, p. 385.

– Coubertin (Pierre de), Weber (Max), *l'Éthique protestante et l'esprit du capitalisme*, trad. fr. de Jean-Pierre Grossein, Gallimard, 2003.

– *Courrier International Sport*, par Mark van Driel, *De Volkskrant*, 16 mai 2007.

– Debord (Guy), *la Société du spectacle*, 1967, rééd. Gallimard, 1992, p. 5, 164.

– Decker (Wolgang), Thuillier (Jean-Paul), *le Sport dans l'Antiquité*, Éditions A. et J. Picard, 2004, p. 137, 174.

– Descartes (René), *Discours de la méthode*, VI, in *Œuvres et Lettres*, éd. de la Pléiade, Gallimard, 1953, p. 168.

– Ehrenberg (Alain), *le Culte de la performance*, Calmann-Lévy, 1991, p. 28.

– Elias (Norbert) et Dunning (Eric), *Sport et civilisation, la violence maîtrisée*, Fayard, 1994, p. 195, 196.

– Foucault (Michel), *Histoire de la sexualité, II. L'usage des plaisirs, III. Le souci de soi*, Gallimard, 1984.

– Hébert (Georges), *l'Éducation physique, virile et morale par la méthode naturelle*, Vuibert, 1936.

– Jeu (Bernard), *Analyse du sport*, PUF, 1987, p. 31, 38-45, 46, 110-115.

– Juvénal, *Satires*, 10, 78-81.

– Kant (Emmanuel), *Réflexions sur l'éducation* (cours de 1776 à 1787), Vrin, éd. 2000, pp. 98-99.

– Le Breton (David), *Passions du risque*, Métaillé, 1991.

– Lévi-Strauss (Claude), *Anthropologie structurale I*, Plon, 1973, pp. 227-255.

– Ling (Per Henrik), *Gymnastikens allmänna Grunder* (ouvr. posth.), 1834, trad. all. par Massmann, *P.H. Lings Schriften über Leibesübungen*, 1847, in Jacques Ulmann, *De la gymnastique aux sports modernes*, pp. 302.

– Loret (Alain), *Génération Glisse. Dans l'eau, l'air, la neige La révolution des « années fun »*, Autrement, avril 1995, p. 4, 6.

– Marrou (Henri-Irénée), *Histoire de l'éducation dans l'Antiquité*, Éditions Du Seuil, 1955.

– Marx (Karl), *Pour une critique de la philosophie du droit de Hegel*, 1844, in Karl Marx, *Philosophie*, Gallimard, 1968, « Folio essais », pp. 89-90.

– Mondenard (Jean-Pierre de), *Dopage, l'imposture des performances*, Chiron, 2000.

– Parienté (Robert), *la fabuleuse Histoire de l'athlétisme*, Éditions O.D.I.L., 1978, p. 39

– Platon, *la République*, III, 403c à 412b ; VII, 512d-e ; *Lois*, VII, 815a-e ; *Lysis*, 203a-207b ; *Timée*, 89a-c.

– Plutarque, *Vies parallèles, « Vie de Thésée »*, XXIII, 1, Gallimard, 2001, p. 76.

– Queval (Isabelle), *le Corps aujourd'hui*, Gallimard, 2008 ; *S'accomplir ou se dépasser, essai sur le sport contemporain*, Gallimard, 2004, pp. 312 sq.

– Redeker (Robert), « *Halte aux meutes sportives* », *Libération*, 24 avril 2001.

– Rousseau (Jean-Jacques), *Émile ou de l'éducation*, 1762, in *œuvres complètes* t. IV, Gallimard, « Bibliothèque de la Pléiade », 1969.

– Serres (Michel), *Hominescence*, Éditions Le Pommier, 2001.

– Trédé (Monique), *Kairos. L'à-propos et l'occasion. Le mot et la notion d'Homère à la fin du IVe siècle av. J.-C.*, Éditions Klincksieck, 1990.

– Ulmann (Jacques), *De la gymnastique aux sports modernes*, Vrin, 1977, pp. 447 *sq. ; la Nature et l'éducation*, 1re édition Vrin, 1964, Éditions Klincksieck, 1987, p. 7, 213

– Vargas (Yves), *Sur le sport*, PUF, 1992, p. 82, 83, 90, 48, 95, 105.

– Verchère (Raphaël), « *Erreur d'arbitrage et leçon d'injustice* », *Libération*, 19 septembre 2008.

– Vernant (Jean-Pierre), *Mythes et pensées chez les Grecs*, Maspero, 1965, pp. 19-47.

– Vigarello (Georges), *Du jeu ancien au show sportif*, Éditions du Seuil, 2002, p. 40, 38-52, 58, 135.

– Yonnet (Paul), *Huit leçons sur le sport*, Gallimard, 2004, p. 126 ; *Systèmes des sports*, Gallimard, 1998, pp. 203-204, 220, 224, 235, pp. 53-111, 77-111, pp. 53-75, 219, 220.

QUESTIONS DE SPORT

Retour vers Hippias

Nous avons cheminé. Kaléidoscopique, le sport nous est apparu tour à tour lumineux ou voilé, accessible et complexe, notion historique et star du présent, multiple, futile, futuriste. Par l'abécédaire, nous avons approché, selon des ordres personnels – l'alphabet, le goût, la curiosité, la facilité –, des facettes du sport et des définitions, des époques et des personnages. L'objet se dessine, et avec lui sa *causalité*, son sens philosophique, sa nécessité sociale. La palette s'est élargie. Le sport « unique » à la notion surdéterminée, le sport de haut niveau à la médiatisation aveuglante, le sport-santé à la recommandation omniprésente ont laissé place à différentes versions « du » sport, à des généalogies et à des contradictions. L'éclatement des « valeurs » questionne la « représentation des valeurs », l'« identité sportive » se fractionne, les « sportifs » eux-mêmes incarnent et inventent des finalités, des intentions, des attitudes enchâssées dans l'histoire du sport.

Nous avions imaginé Hippias comme interlocuteur. Peut-être se gausserait-il finalement de ce travail de division qui multiplie les sens : après tout, *qu'est le sport*, si tout est relatif, opposable, distinguable ? Nous lui répondrions alors que rien n'est définissable qui n'ait été, auparavant, comparé, opposé, distingué. Le succès du sport a engendré sa dilution dans d'autres phénomènes sociaux, en même temps que sa récurrence sur le devant de la scène. Son instrumentalisation appelle les analyses politiques ; le terrain d'expérimentation qu'il est, traversé par l'idéologie de la performance « à tout prix », génère des interrogations philosophiques, éthiques et juridiques.

Il nous faut à présent rassembler ces notions, les ordonner selon un autre ordre que celui de l'abécédaire, *synthétiser*. Voici donc quatorze questions qui sont celles d'un Hippias supposé, un peu tenace, un peu retors, décidé à obtenir ses réponses, lui-même qui galéjait, sans parvenir à conclure, sur la question du *Beau*. Quatorze questions, c'est-à-dire aussi quatorze réponses pour essayer de *définir*, le plus précisément et philosophiquement possible, ce qu'est le sport, c'est-à-dire ce que sont les sports.

Pourquoi la société du XXIe siècle est-elle sportive ?

L'espace médiatique est saturé d'images et d'événements sportifs, la périodicité sportive occupe notre quotidien. Les saisons sportives se succèdent, mobilisant l'imaginaire des foules et scandant leurs loisirs. Des mannes financières croissantes accompagnent la création de *mythes*. Des héros d'un nouveau genre, les *champions sportifs*, admirés pour leur beauté, leur jeunesse, leur force, leur adresse, parfois aussi leur fortune ou l'étalage de leur vie privée, contribuent aux récits dont le sport est prodigue. Les légendes s'écrivent sous nos yeux, semble-t-il, à flux continu.

Depuis la deuxième moitié du XXe siècle, le sport est devenu un spectacle, indéfiniment renouvelé, objet de consommation et d'identification. Par là, il est venu épouser la société des loisirs, qu'il illustre mieux que tout autre et dont il a presque subtilisé le nom : *loisirs*, c'est-à-dire *sport*. Le sport fait vendre et rêver, par ses images, ses matériels, ses objets dérivés. Il a acquis un monopole sémantique suggérant que tout, aujourd'hui, est « sport » : l'ensemble des activités physiques, n'importe quel exercice, mais aussi vêtements, voitures, comportements, régimes alimentaires. En outre, le sport séduit par sa simplification théâtralisée de fonctionnements politiques (l'« État de droit »). Cherchez à échapper au sport : vous échapperez à notre temps !

Quels sont les sports ?

Les quatre dernières décennies ont vu la multiplication des sports : 335 pratiques répertoriées par le ministère concerné. Longtemps confiné au stade, à la piscine, au gymnase, l'espace sportif s'est ouvert aux milieux naturels. La vogue du jogging, puis du VTT, le succès des sports de mer ou de montagne signaient déjà cette tendance dans les années 1970-1980. L'air, l'eau, la neige, le sable et même le bitume urbain sont devenus espaces sportifs. Concomitamment, des matériels ont été inventés, à base de planches, de voiles, de roues, conçus pour ces milieux et déclinant tout un registre de sensations et d'approche du risque, forts d'imaginaires nouveaux. Des sports « classiques » ont été adaptés : *beach-volley, beach-soccer, sand-ball.*

Parallèlement à cet essor, l'individualisation des mœurs implique une nouvelle prise en charge du corps, autant que la mutation des rapports au loisir ou au bien-être. Si la course à pied reste un classique de l'entretien de soi, musculation, fitness et leurs dérivés font le succès des clubs de sport. Enfin, l'*aventure* se démocratise et, au croisement de l'expérience initiatique et de la compétition sportive, des « rallyes » dans des conditions climatiques ou géographiques extrêmes mobilisent le grand public. Il n'y a pas *un*, mais *des* sports, des environnements, des finalités, des intensités.

Comment faire du sport ?

Au-delà de l'inventaire bigarré des différents sports et exercices physiques, les types d'approche ou d'intention diffèrent. Le sport de haut niveau que nous appelons si communément «sport», lorsqu'il s'agit en particulier de ses «dérives», appréhendé au travers des champions, n'est pas *tout* le sport. Il est une sphère indépendante du sport de masse, pratiqué par le plus grand nombre et dont il n'est pas toujours mathématiquement issu.

Spécifique aussi l'éducation physique et sportive enseignée à l'école et dont l'appellation duelle laisse entrevoir l'histoire polémique : pédagogie *versus* performance. Les sports de glisse ou «*fun*» se sont, eux, projetés dans un rejet du sport fédératif et institutionnel, à l'instar des grands mouvements issus de la contre-culture américaine des années 1960. Le sport-santé, enfin, témoigne de la sportivisation des mœurs et des corps. Visant le bien-être et l'équilibre, contredisant les excès du sport de haut niveau, il ne contribue pas seulement à la lutte contre certaines maladies ; il témoigne de ce qu'un corps rationnellement conçu et sculpté est entré dans nos habitudes et projets. Il nous faut bien distinguer, pourtant, entre le sens général et le sens strict. Le sport n'est pas tout exercice physique, mais un jeu potentiellement compétitif, source d'une performance quantifiée.

Qu'appelle-t-on « excellence corporelle » ?

En réalité, la diversité des attitudes sportives révèle des conceptions de l'*excellence corporelle.* «Faire du sport» reste vague, tant qu'on n'a pas défini intensité et objectifs. Cinq heures de sport par semaine favorisent la santé, trente heures révèlent le surentraînement ou l'addiction. L'essence du sport de haut niveau est la compétition, mais celle-ci se pratique aussi le dimanche, sur un terrain de football ou de tennis, entre amateurs. D'ailleurs, ceux qui assurent ne pas vouloir se dépasser ou repousser leurs limites sont parfois les plus prompts à comparer (et à améliorer) leur performance, par écrans de contrôle interposés, ou à «tout» tenter pour gagner une partie. Si le dépassement de soi n'est pas *intrinsèquement* ce qui distingue le sport d'élite du sport de masse, néanmoins le sport d'élite est l'emblème d'un culte de la performance, dont il est la version simpliste et catégorique.

Traversé par des ambivalences, équilibre et déséquilibre, santé et performance, mesure et excès, le sport illustre ainsi la fascination occidentale pour les records et les palmarès. En cela, il est le produit de sociétés et d'époques dont il épure les fantasmes. Progresser, «se défoncer», se dépasser, «performer», sont devenus des lieux communs, tandis que le désir de *bien-être* est revendiqué par tous: d'où l'ambivalence de l'*excellence corporelle.*

Le sport a-t-il toujours existé ?

Le sport que nous connaissons, celui qui tient registres et s'épand dans le social, devenant mode de vie, est-il comparable au sport antique auquel on aime se référer, notamment par le biais de l'olympisme et de ses rites? Les lieux, les épreuves, les athlètes, les protocoles, le rapport au spectacle, à la violence, à l'argent, au dopage, sont-ils propres à légitimer une continuité historique et symbolique qui unirait, par-delà les siècles, une *humanité sportive?* Le sport est-il de tout temps une activité physique et ludique qui, à partir de jeux simples – courir, sauter, lancer, nager, combattre, jouer à la balle, monter à cheval ou manier l'épée –, révèle les mêmes catégories de pensée? Rien n'est moins sûr.

Le sport antique est encadré par le religieux et traversé par la violence. Son succès populaire n'élude pas les enjeux métaphysiques ni la puissante discrimination sociale dont il témoigne. Le sport moderne, issu des collèges anglais du XIXe siècle, s'est arrimé à l'idée de progrès et à l'égalitarisme. Démocratisé, son développement accompagne celui de la bourgeoisie et de ses valeurs : méritocratie, goût de l'effort, pédagogie, loisirs « utiles », mais aussi régulation de la violence et marchandisation. La progression de la performance (chiffrée) illustre un évolutionnisme schématique, le triomphe de la technique.

Que révèle le culte moderne du dépassement de soi ?

Plus profondément, c'est à deux représentations du monde et de l'homme que ces conceptions du sport réfèrent. Car le monde grec de Pindare – qui écrit ses *Olympiques* – ou de Platon, comme encore celui des Romains, est un monde astronomiquement fini, où la nature est la règle, et l'homme, une partie du tout qu'il a à comprendre. Rien ne vient esquisser, sauf folie, la possibilité d'un dépassement des limites naturelles, d'un progrès indéfini des activités humaines, *credo* moderne. La religion, la loi et la nature définissent pour l'homme l'espace de son accomplissement, refusant une excellence qui serait transgression.

Dans le monde moderne, depuis les Lumières, la représentation de l'homme s'est, au contraire, accordée à la positivité nouvelle de l'idée d'infini, à la croyance dans le progrès, la raison et la technique, à une conception de la nature qu'il faut, selon le précepte cartésien, *maîtriser* et *posséder*. Le dépassement de soi, comme celui de la nature, devient alors idée courante, portant jusqu'à nous les fruits d'une croyance en notre toute-puissance sur la nature et sur les corps. Le sport de performance, qui a chiffré son histoire et filé sa trajectoire linéaire au cœur de la société industrielle et capitaliste, est l'héritier de cette croyance, son icône et son laboratoire futuriste.

Quelles sont les finalités traditionnelles de l'exercice ?

D'autres catégories compliquent encore la réponse. Le monde antique inaugure des pratiques qui, dans leurs finalités, se retrouvent peu ou prou à toutes les époques, tantôt conjuguées, tantôt antagonistes. La préparation à la guerre, la médecine aussi bien que la pédagogie se partagent les finalités de la gymnastique. Le « sport » des Jeux panhelléniques, d'abord aristocratique, puis professionnel, qui préfigure nos compétitions sportives, complète ce tableau quadripartite. Au Moyen Âge, alors que le christianisme impose un repli du corps, seuls les jeux populaires ou nobles (chasse, danse, escrime, équitation, joutes) s'imposent. Mais, dès après, l'hygiénisme et la gymnastique militaire se disputeront, pour longtemps, l'organisation des pratiques corporelles.

Quand apparaît l'éducation physique, au XVIIIe siècle, la médecine règne, la pédagogie point sous l'influence rousseauiste, et le sport est encore loin. La rénovation des collèges anglais par Thomas Arnold, dès 1828, lui donne ses buts, l'épopée coubertinienne le structurera. Le XXe siècle entame alors un long conflit théorique entre l'éducation physique et le sport, dont le vainqueur est le sport, tant il absorbe des sens de l'exercice physique. L'éducation physique est, au XXIe siècle, le parent pauvre de l'école, tandis que le sport de haut niveau occupe l'espace médiatique et sémantique.

Quelle place pour l'argent dans le sport ?

Dans les années 1970, la question de l'argent et du professionnalisme dans le sport a opposé les partisans d'un coubertinisme mésinterprété, qui aurait prôné l'amateurisme complet, aux metteurs en scène et acteurs du nouveau spectacle sportif. Les fédérations se sont déchirées, et des sportifs ont été exclus des compétitions traditionnelles sur le motif qu'ils avaient été rétribués ou indemnisés. Certains champions ont cumulé des palmarès amateur et professionnel. Si le principe d'une rémunération des athlètes a, depuis, été communément admis (le sport étant devenu un *métier*), néanmoins, certains comme le patinage artistique demeurent fidèles à l'idée des *deux carrières*, celle, amateur, précédant la professionnelle, selon un ordre irréversible.

Mais, avant toute chose, c'est parce que le sport est devenu sport de haut niveau dans la deuxième partie du xxe siècle et, concomitamment, un des spectacles les plus prisés et médiatisés, qu'il s'est inscrit dans une *économie de marché*. La démesure économique atteint le sport. Coût des droits de retransmission, des JO, des « transferts » et gains des champions posent régulièrement la question du dévoiement des « valeurs ». L'argent fait donc pression sur le déroulement des carrières, la question du dopage et, toujours, sur la *géopolitique du sport*.

Le sport est-il un spectacle ?

Se pose la question du sport comme *spectacle*. Grecs et Romains inventent un concept qui, durant les dix siècles de l'olympisme ancien, a connu des fortunes diverses : subordination à des idéaux religieux ou métaphysiques, avènement du professionnalisme, mercantilisme, dénaturation des rites originels vers une fête païenne traversée par la violence, la corruption et le dopage. Fort d'un hellénisme idéalisé, Coubertin voulut la rénovation des Jeux à des fins d'enrichissement culturel des peuples et non comme un spectacle ou un produit de consommation. Pas trop de spectateurs, une attention concentrée sur la performance athlétique et non sur son *image*, une ambition pédagogique qui se voulait universelle.

Force est de constater qu'aujourd'hui le sport n'a cessé de s'affirmer comme un des spectacles majeurs de notre temps, en termes de diversité, d'esthétisme, de médiatisation, d'universalité et de retombées financières. Les règles du jeu sont révisées à cette fin. À l'ère médiatique d'une « dictature de l'émotion », la mise en scène sportive exulte, manière de réenchantement du monde : « machine à faire penser », certes, mais surtout « machine à émotions ». Ce spectacle a un impact politique. Ses ressorts sont l'identification aux héros, l'épure du fonctionnement de la *règle*, l'exutoire de la concurrence sociale.

Que révèle le dopage sur notre rapport au corps ?

Rien de surprenant à ce que le sport de haut niveau exacerbe des aspects sociaux entourant la performance humaine, dont le problème des *addictions*. Drogues, médicaments, compléments alimentaires, produits dopants, révèlent tous, avec des degrés de dangerosité variables, des conduites dopantes. L'inventivité inépuisable des matériels et matériaux sportifs, la science des entraînements, la médecine en ses diverses disciplines (dont la physiologie, la biomécanique, la diététique ou la psychologie) font du sport l'emblème du culte du progrès. Le dopage incarne ce processus dans ses dernières conséquences. Atteinte à la santé et manquement à la règle, il est sanctionné à ces deux titres, venant entacher le mythe d'une contre-société vertueuse. Ses présupposés (l'amélioration technique de l'humain, la croyance en une perfectibilité infinie) intéressent la philosophie, la bioéthique, le droit.

Aujourd'hui chimique et pharmacologique, il pourrait être bientôt génétique, inclure l'usage *d'exosquelettes* ou de nanotechnologies. Sont ici questionnées les conséquences d'une *corporéité* non plus close, comme jadis, mais ouverte par la médecine, d'une fusion du corps avec la technique, c'est-à-dire d'une possible *hybridation* de l'homme. Les « surhommes » du sport apparaissent alors comme des prototypes.

Le sport a-t-il une signification politique ?

Protéiforme dans ses finalités et pratiques, le sport a cette propriété d'absorber les projections faites sur lui comme le trou noir la lumière. Plastique dans ses interprétations, le puissant stimulant qu'il est pour la pensée sociale et politique n'a pas de version univoque. Est-il, comme le pensent certains, structurellement produit par le capitalisme, contribuant à l'abêtissement des foules et à l'exploitation des corps ? Concourt-il à une mise en ordre sociale, typique de la bourgeoisie ? Pourquoi a-t-il si bien servi l'idéologie des pays communistes ? Dégage-t-il des relents de fascisme, par sa virilisation extrême et son pouvoir d'élimination des faibles ? Ou bien est-il (au contraire ? aussi ?) la vitrine démocratique par excellence, offrant l'image épurée d'une transparence de l'État de droit et d'une égalité des chances (engendrant néanmoins une inégalité des résultats) ? *Conformiste* ou *subversive*, la réussite du champion sportif ?

La réponse est dans cette diversité même : le sport *est* politique par son omniprésence sociale et ses enjeux géopolitiques ; mais il *n'engendre* pas de sens politique. Les sens du sport sont *hors* du sport, projetés sur lui de par la facilitation permise par ses schémas compétitifs, son simplisme, sa capacité identificatoire. Le sport est un *schème* qui recycle et diffuse les sens politiques.

Le sport a-t-il une valeur hédoniste ou capitaliste ?

L'ère du bien-être a ses totems : jouissance immédiate, facilité de *se choisir*. Le sport participe de cet élan, les sports de pleine nature, de glisse ou d'entretien étayent un leitmotiv : être bien dans son corps. Pourtant, un paradigme opposé œuvre à bas bruit : la construction sportive de soi suppose « patience et longueur de temps », effort obstiné, douleur parfois, venant sanctionner le « bon effort ». La dimension masochiste qui traverse le sport d'élite n'est pas absente du sport loisir, ni de la programmation savante d'un *corps-capital*. La temporalité hédoniste du « tout, tout de suite » s'assortit d'une projection vers le futur qui dit la double temporalité du corps : *linéarité* de la progression de la performance ; *hypertextualité* d'un corps en chantier, de territoire en territoire. Entraînement, régimes, chirurgie esthétique, cosmétologie se relaient, signes d'une perfectibilité *infinie*.

Le sport incarne cette aptitude moderne à investir sur soi et à être *comptable* de ses efforts. L'aspect économique se double d'une économie de soi au sens ascétique wébérien. Le minutieux modelage du corps et la poursuite d'efforts qui *paieront* révèlent des représentations de l'individu au-delà des modes esthétiques ou de loisirs. Le capitalisme croise l'hédonisme ; le matérialisme s'accompagne d'un désir de transcendance. Le début du XXIe siècle fait du corps sportif son modèle.

Le sport est-il le vecteur de la santé parfaite ?

Le corps contemporain témoigne d'une entreprise de *rationalisation* dont le sport est l'emblème, toujours à la pointe de l'expérimentation, et dont la médecine est devenue le pourvoyeur principal. Santé, beauté, « forme », jeunesse éternelle sont au programme de ce nouveau rêve des sociétés industrialisées : repousser la maladie et la mort. Rêve de rationalité qui n'est pas, lui-même, dépourvu d'irrationalité, tant l'obsession s'affirme, tant les moyens se multiplient afin d'obtenir un corps sous contrôle, tant se dessine un retour de la culpabilité de n'avoir pas *œuvré pour le meilleur*.

Encore faut-il distinguer les effets nocifs du sport de haut niveau (de par sa démesure, ses cadences infernales, sa précocité, le dopage, etc.) des conditions du sport-santé : une activité régulière, quelques heures par semaines. Deux visions de la « forme », parfois antinomiques. « Manger-bouger » est le slogan de l'Inpes, martelé dans toutes les publicités à connotation alimentaire ou tous les conseils de mode de vie. La confusion entre *exercice physique* et *sport* est ici de mise, révélant la place prise par le « sport » dans l'imaginaire collectif, c'est-à-dire la sportivisation des mœurs et des corps. Ainsi va le sport comme paradigme, comme utopie technologique, engageant un activisme croissant : *faire* du sport.

Le sport sert-il la pédagogie ?

L'idéal originel d'une pédagogie par le sport est mis à mal par les «dérives» du sport de haut niveau. Ce qui est ignorer la distinction entre la haute performance et l'éducation. Le modèle compétitif du sport est battu en brèche: il stimulerait l'individualisme, l'agressivité. Une sorte d'angélisme antisportif répond à l'angélisme sportif: le sport comme modèle démocratique et garantie de fonctionnement de la règle. Pourtant, l'apprentissage de l'émulation, de la victoire et de la défaite, de l'effort sur soi, de la collaboration avec autrui et de son respect, la prise en compte de contextes nécessitant des stratégies adaptées, une réflexion, la combinaison de la puissance et de l'habileté musculaires avec la force mentale, font partie du sport. Ou, du moins, trouvent dans le sport et ses mises en scène des vecteurs certains. Ces expériences et qualités ne valent-elles pas d'être enseignées?

En réalité, l'omniprésence du sport (entendu comme sport de haut niveau), sa rivalité inégale avec l'éducation physique et la dilution sémantique des sens de l'*exercice* ont desservi la pédagogie. Surchargé de «missions» (lutte contre la violence, l'obésité, support de la citoyenneté, etc.), le rôle du «sport» à l'école reste mineur. C'est oublier sa valeur de *jeu*, gâcher son succès social et, politiquement, privilégier le sport-spectacle au détriment de la pédagogie.

ÉPILOGUE

> *« Socrate : […] En fait Hippias, m'est avis que je vous suis […] fort obligé pour l'entretien que j'ai eu avec vous : c'est, je crois bien, de mieux "connaître la signification du proverbe : Difficiles sont les belles choses !" »*
>
> Platon, *le Grand Hippias, 304*[e]

Nous sommes arrivés au terme de notre réflexion. Il nous faut à présent définir ce sport polysémique, traversé par des significations multiples, une histoire complexe et contradictoire, une évanescence même de ses formes dans notre société en mutation. Il y a de multiples sports et manières de *faire du sport*, ce qui n'interdit nullement de parler *du* sport. Le *jeu* fonde le sport, mais tous les sports ne sont pas des jeux, et la règle elle-même, si essentielle, se décline et prend sens différemment.

Alors il faut se risquer, répondre au défi conjoint de Socrate et d'Hippias, nommer, cerner, trancher, délimiter. Il nous faut faire la part de ce qui, de manière récurrente, rappelle dans l'analyse du sport la place du jeu, celle du corps, de la performance, du chiffre, de la santé, du plaisir ; évoquer l'histoire, les finalités (guerrière, pédagogique, technicienne), et comment le sport d'élite incarne un laboratoire futuriste. Il faut enfin comprendre pourquoi la société qui se « sportivise » s'éblouit dans ces grands jeux que sont par exemple les jeux Olympiques. Oui, la société est sportive, et pourtant « tout n'est pas sport ». Le sport « fait sens », mais ses sens, en particulier politiques, sont hors de lui. Le sport est un spectacle, mais dans sa version de haut niveau, et, par ses traits exacerbés, celle-ci donne à penser la démocratie, l'égalité, le dopage, la fusion médicalisée du corps avec l'artifice. Tel est l'intérêt philosophique du sport : la théâtralisation universelle des questions éthiques, politiques et médicales qui le traversent.

Le sport est un *jeu* à fort potentiel compétitif et dont la variété des types d'affrontement, de matériels et d'environnements conduit à des différences de nature : entre sport de haut niveau et sport de masse, sport de compétition et éducation physique, dépassement de soi objectivé par des limites supposées (les records) et dépassement de soi intrinsèque à l'effort (possiblement solitaire).

Le sport moderne se distingue des sports, jeux et gymnastiques anciens par l'institutionnalisation forte qui le fédère, le contexte de la bourgeoisie européenne et de ses valeurs économiques et pédagogiques qui le voit naître, et l'omniprésence de la *règle*, qui s'oppose à la *violence*. Il est une activité contractuelle, codifiée, se déroulant dans des espaces-temps délimités, ce qui, d'une part, le démarque des pratiques anciennes, d'autre part, limite sur ce point précis la portée de sa comparaison avec la *vie*.

Le sport est une activité quantitativement normée, héritière en cela d'un processus de rationalisation de la société occidentale et de sa conséquence première : le *chiffrage* de la performance humaine.

Le sport est une activité technique, une illustration de la fusion de l'homme avec l'*artifice*, qui, dans la version scientifique et médicalisée du sport d'élite (dont le dopage), apparaît comme le laboratoire expérimental et futuriste de l'amélioration de l'humain.

Le sport n'a pas de sens politique *a priori*. Ses sens sont hors de lui. Sa structure fonctionnelle se prête à des usages et à des interprétations politiques divers. Le rôle central de la règle, et les valeurs égalitaristes qu'on lui accorde, le rapproche, néanmoins, de l'idéal démocratique qu'il figure. *Schème* propre à recycler et à transmettre les significations politiques, il diffuse des émotions qui subjuguent les foules.

Le sport a conquis, par son succès et sa valeur de spectacle, l'espace médiatique et sémantique. Ce phénomène, couplé aux conditions médicales prescriptives de notre époque, à l'esthétisme individualiste, à la perception du corps comme *destin* et *capital*, conduit à une sportivisation des mœurs et des corps.

Dépendant des finalités qu'on lui octroie, le sport peut servir la santé comme la pédagogie, de même qu'il a longtemps accompagné la préparation militaire.

En tant que spectacle, enfin, et activité à plein temps, le sport de haut niveau est devenu un *métier*. Ce spectacle est entré dans l'économie de marché avec une dimension universelle et une expansion financière qui ne se démentent pas et influent sur les règles du jeu. Les dérives liées à ce système sont l'exploitation des athlètes et, en particulier, celle des enfants champions.

Annexes

Glossaire

Index

Table des matières

GLOSSAIRE

Agônes Du grec *agôn*, « jeux », « concours », « luttes », ainsi que leurs lieux dédiés.

Anomie, anomique Fondé par Émile Durkheim, le concept d'« anomie » caractérise les situations où se trouvent les individus lorsque les règles sociales qui guident leurs conduites et leurs aspirations perdent leur pouvoir.

Arêtê Mot grec qui signifie « excellence ». (Cf. art. « *Arêtê* » dans l'Abécédaire.)

Catharsis Mot grec qui signifie « purgation des passions » par le moyen d'une représentation dramatique, d'un spectacle théâtral, d'une rencontre sportive, etc.

Doxa Mot grec qui signifie « opinion commune », préjugé.

Holiste Du grec *holos*, « entier », relatif à un système de pensée pour lequel les caractéristiques d'un être ne peuvent être connues que lorsqu'on le considère dans sa totalité, et non pas quand on en étudie chaque partie séparément.

Juridisme Attachement étroit à la lettre de la loi.

Kairos Mot grec qui signifie « moment exact et rare de l'action juste ». (Cf. art. « *Kairos* » dans l'Abécédaire.)

Kalokagathia Mot grec qui signifie « bel et bon ». Se dit aussi *kalos kagathos*, contraction de *kalos*, « beau », *kaï*, « et », et *agathos*, « bon ». Idéal pédagogique, esthétique et moral chez les Grecs anciens.

Ontologie, ontologique Science de l' « Être » ; relatif à l'« Être » d'une chose, c'est-à-dire son fondement constitutif, son essence.

Ordalie, ordalique Jugement de Dieu ; comportement à risque vital, extrême, motivé par un besoin de mettre en danger son existence pour en éprouver la densité, le prix.

Panoptique Type d'architecture carcérale imaginée par Jeremy Bentham à la fin du XVIIIe siècle. L'objectif est de permettre à un individu, logé dans une tour centrale, d'observer tous les prisonniers, enfermés dans des cellules individuelles autour de la tour, sans que ceux-ci puissent savoir s'ils sont observés. Dans *Surveiller et punir* (1975), Michel Foucault en a fait le modèle d'une société disciplinaire, développant des dispositifs d'omniscience à l'égard des individus.

Réification Du latin *res*, « chose », transformation en chose, en objet.

Schème D'après Kant, les *schèmes* sont des représentations mentales qui jouent le rôle d'intermédiaire entre les catégories de l'entendement et les phénomènes sensibles (*Critique de la raison pure*, 1781 et 1787). Le terme est ici employé pour désigner une « structure interface » mettant en relation, de manière simplificatrice, deux phénomènes, par exemple le fonctionnement démocratique et sa transmission au public par l'intermédiaire de la règle sportive.

Index

Table des matières

Impression : Unigraf s.l. (Espagne)
Dépôt légal : Avril 2009 - 302 191
N° de projet : 110 07 209 - Avril 2009